꼬리에 꼬리를 무는 고민이여, 안녕

"GURUGURU SHIKOU YO, SAYOUNARA" by NOMURA Soichiro
Copyright ⓒ 2002 by NOMURA Soichiro
All rights reserved.

First original Japanese edition published by Bunshun Nesco Ltd., Japan 2002.
Korean soft-cover translation rights in Korea reserved by Big Tree Publishing Co.
under the license granted by NOMURA Soichiro arranged with Bungei Shunju Ltd.,
Japan through Imprima Korea Agency, Korea

이 책의 한국어판 저작권은 Imprima Korea Agency를 통해
Bungei Shunju Ltd., Japan와의 독점 계약으로 도서출판 큰나무에 있습니다.
신저작권법에 의해 한국 내에서 보호를 받는 저작물이므로
무단 전재와 무단 복제를 금합니다.

꼬리에 꼬리를 무는 고민이여, 안녕

노무라 소이치로 지음 | 황소연 옮김

큰나무

■ 머리말

고민에는 고리가 있다

　내가 정신과 의사로, 사람들의 마음 속 고민과 교제를 나눈 지도 어언 25년이라는 세월이 흘렀다. 그리고 단순 교제 차원을 넘어서 그 고민거리와 사랑을 나누며 극적 타결에 항상 고심해 왔다. 물론 승리의 여신이 항상 내 편만 들어준 건 아니지만, 다양한 경험 속에서 쌓아 온 세월의 깊이만큼은 확실하다고 자부한다. 때문에 바로 눈앞의 환자를 치료하는 일도 중요하지만, 고민 상담을 통해 얻은 노하우나 해결책을 농축액으로 담아 낼 수 있다면 좀더 많은 사람들에게 도움을 줄 수 있을 것이라는 생각에서 이 책을 쓰게 되었다.

　이 책의 본문에는 '꼬리에 꼬리를 무는 고민'이라는 말이 처음부터 끝까지 일관되게 등장한다. '꼬리에 꼬리를 무는 고민? 그게 뭐야? 요즘 새로 나온 신조어인가?' 하며 고개를 갸우뚱하는 독자도 있을 것이다. 그럼 우선 그 '꼬리에 꼬리를 무는 고민'이 과연 무엇인지, 먼저 그것에 대해 이야기해 보기로 하자.

병원에서 매일 환자들과 부딪치면서 느끼는 점은 사람들의 고민은 저마다 다양하지만 일정한 틀이 있다는 사실이다. 항상 새로운 고민거리에 휩싸이는 경우는 거의 드물다. 대개 같은 문제를 놓고 고민하면서 그 고민의 고리에서 벗어나지 못하고 있는 것이다. 즉 같은 지점을 뱅뱅 돌고 돌면서 '걱정 많은' 인생을 보내고 있는 것이다.

요는 고민거리가 많은 것이 아니라, 뱅글뱅글 같은 지점을 돌고 있는 것이 문제다. 이처럼 고민의 악순환을 만드는 사고방식을 나는 '꼬리에 꼬리를 무는 고민'이라고 부르고자 한다.

인생의 고민거리를 해결하려면, 무엇보다도 이 꼬리에 꼬리를 무는 고민으로부터 탈출해야 한다. 하지만 내 진찰실을 찾는 대부분의 환자들이 이런 꼬리에 꼬리를 무는 고민에 갇혀 있다고 말해도 좋을 만큼, 이는 흔히 접할 수 있는 극히 일반적인 현상이기도 하다.

그렇다면 사람들은 왜 꼬리에 꼬리를 무는 고민에 빠지는 걸까? 꼬리에 꼬리를 무는 고민을 조금만 냉정히 바라보면 이것은 모순덩어리, 난센스 같은 존재라는 것을 알 수 있다. 당사자가 아닌 사람들은 이런 고민을 이해할 수 없을 정도다.

'그렇게 똑같은 고민만 하지 말고, 차라리 생각을 안 하면 되잖아. 뱅뱅 도는 고리를 끊으면 되잖아!'

하지만 정작 당사자는 그렇게 간단하게 고리를 끊을 수 없다. 즉 꼬리에 꼬리를 무는 고민에 빠지는 데에는 그만한 이유가 있는 것이다.

  또 '꼬리에 꼬리를 무는 고민'이라고 뭉뚱그려 말해도 몇 가지 유형이 있어서, 각각의 입장에 따라 꼬리에 꼬리를 무는 고민이 생기게 된 배경을 생각해 볼 필요가 있다. 이 책에서는 고민의 유형을 크게 4가지로 분류하고 그 해결책을 모색했다.

  꼬리에 꼬리를 무는 고민은 누구나 빠질 수 있는 고민의 고리이다. 이 책을 통해 그 고리를 끊을 수 있는 희망의 빛을 보기를 간절히 바란다.

■ 차례

머리말

제1장 꼬리에 꼬리를 무는 고민이란? 11
제2장 갈등형 꼬리에 꼬리를 무는 고민 21
제3장 과거집착형 꼬리에 꼬리를 무는 고민 61
제4장 꼬리에 꼬리를 무는 고민과 기분 장애 99
제5장 꼬리표형 꼬리에 꼬리를 무는 고민 121
제6장 강박형 꼬리에 꼬리를 무는 고민 161

후기
역자 후기

꼬리와 꼬리가 이어진 하나의 고리를
순환하고 있기에, 고민은 끝이 없다.
그만큼 고민은 영원으로 이어진다.

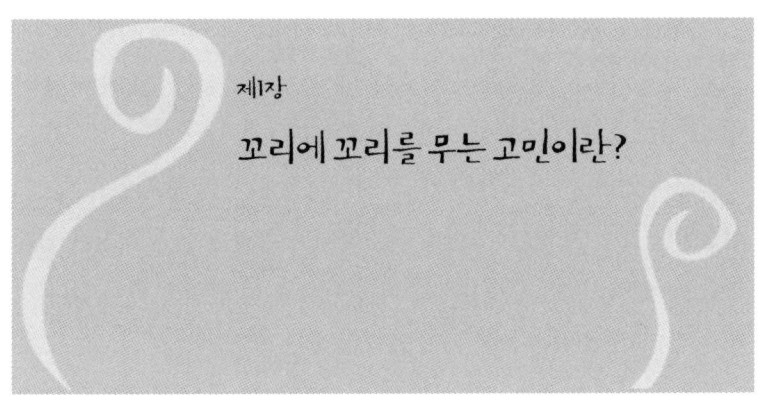

제1장
꼬리에 꼬리를 무는 고민이란?

꼬리에 꼬리를 무는 고민

나는 히로시마에서 태어나 고등학교 때 도쿄로 유학을 왔다. 히로시마와 도쿄의 중간 지점인 오사카는, 늘 내게 짧게 스쳐 지나가는 경유지에 불과했다. 물론 오사카에 머문 적도 없었기 때문에 그곳 지리는 영 까막눈이다. 가끔 학회에 일이 있어서 오사카에 들르게 되면 길 잃은 생쥐 꼴 마냥 헤매기 일쑤다.

몇 해 전, 서점에 잠시 들렀을 때도 마찬가지였다. 나는 지루한 여행길을 달래고자 역 근처에 있는 서점에서 잡지를 한 권 구입했다. 서점을 나와 발걸음을 다시 역으로 향하는 도중 선술집 하나가 내 눈을 사로잡았다.

'지하도에 웬 선술집?!' 하며 구미가 당겼지만, 출발 시간도 다가오고 해서 아쉬운 발걸음을 뒤로 한 채 역으로 향했다. 그 뒤 다시 한 번 그 장소를 확인하고 싶은 마음이 들었다.

그래서 얼마 후 기회가 닿아 그 지하도를 다시 걷게 되었을 때, 그 선술집을 찾아 보았다. 그런데 신기하게도 잡지를 샀던 서점은 쉽게 찾을 수 있었지만, 그 서점에서 역 방향으로 몇 번이고 왔다 갔다 걸어 봐도 그 선술집은 눈에 들어오지 않았다.

같은 장소를 빙글빙글 돌며 찾아 헤맸지만, 그러는 동안에 내 양손에 들린 무거운 짐만이 나를 더 짜증나게 만들 뿐이었다.

열차에 오르기 전 잠시나마 즐거운 마음으로 오사카를 유람하리라는 애초의 계획은 빗나가고, 길을 헤매는 시간이 늘어갈수록 알 수 없는 묘한 울분과 분노가 나를 괴롭혔다.

낯선 곳에서 누구나 이런 경험을 한 적이 있을 것이다. 이럴 때 문제를 해결할 수 있는 몇 가지 방법이 있다. 내 경우를 빗대어 말한다면 다음과 같을 것이다.

_안내지도를 본다. 이미 몇 번인가 지도를 살펴보았지만, 그래도 손가락으로 하나하나 짚으면서 술집 상호를 샅샅이 확인해 본다.

_기억을 의심한다. 서점에서 오는 길에 본 것이 사실인가? 환상은 아니었을까? 그런 기억의 저편을 다시 떠올리며 안내 지도를 본다.

_밖으로 나간다. 그 술집이 지하에 있었던 게 확실하다면, 뭔가 힌트가 될 만한 단서가 그 주변에 있을지도 모른다.

─다른 사람에게 묻는다. 근처를 지나는 직장인들이나, 상가 사람들에게 물어보면 알 수 있을 지도 모른다.

─체념한다. 그 술집은 분명 망했다. 그렇게 스스로에게 타이른다.

 이것말고도 나름대로 다른 해결 방법이 있을 것이다. 그러나 내가 지금 말하고 싶은 바는 '어떤 방법이 최선의 방법인가?'를 묻는 게 아니다. 당사자가 아니라면 해결 방법은 얼마든지 떠올릴 수 있지만 자신이 그 미로에서 길 잃은 미아가 된다면 해결 방법은커녕, 미로의 늪으로 빠져들기만 한다.

 자 그럼, '꼬리에 꼬리를 무는 고민'이 무엇인지 정의를 내려보자.
 꼬리에 꼬리를 무는 고민이란 '똑같은 고민거리에 대해 꼬리에 꼬리를 물고 생각하며, 고민의 고리를 잡고 뱅뱅 돌기만 할 뿐, 거기에서 빠져나오지 못하는 상태'를 말한다. 꼬리와 꼬리가 이어진 하나의 고리를 순환하고 있기에, 고민은 끝이 없다. 그만큼 고민은 영원으로 이어진다.

 낯선 곳에서 무거운 짐을 짊어지고 30분이나 넘게 같은 장소를 돌고 돌고 맴돈다면 누구나 지치고 말 것이다. 물론 좋은 해결 방법도 생각나지 않을 테고.

 마음의 문제도 이와 마찬가지이다. 꼬리에 꼬리를 무는 고민에 일단 발을 들여놓으면, 자동적으로 발에 액셀러레이터가 부착되어서 가속도 운동만 하게 되는 것이다. 같은 고리를 도는 동안에 그 회전하는 일 자체가 새로운 고민거리로 부각되어 점점 고민의 스피드는 광란의 질주를 하게 된다. 즉 브레이크가 고장 난, 아니 아예 없는 롤러코스터를 탄 느낌!

이처럼 멈춤을 모르고 자동적으로 앞으로 나아가는 상태가 마치 버릇처럼 굳어진 꼬리에 꼬리를 무는 고민에 빠져 있는 사람을 제삼자가 객관적인 시각으로 바라본다면 아무도 없는 씨름판에서 혼자서 끙끙거리며 힘을 주고 있는, 심하면 자폭하고 있는 것처럼 보여지는 것이다.

꼬리에 꼬리를 무는 고민의 4가지 유형

그런데 정작 꼬리에 꼬리를 무는 고민에 빠져 있는 당사자는 자신이 그런 고리에서 뱅뱅 돌고 있다는 사실을 깨닫지 못하는 경우가 허다하다. 이 책을 읽고 있는 당신은 '이건 바로 내 일일지도 몰라' 하는 생각을 가지고 책을 펼쳤을 테니, 그래도 희망적이라고 말할 수 있다.

하지만 지금 당장 자신이 어떤 식으로 뱅글뱅글 돌고 있는지 분석하기란 쉬운 일이 아닐 것이다. 따라서 다음의 몇 가지 패턴을 읽어보도록 하자. 이 6가지 가운데 '그래, 맞아 맞아. 바로 이거야!' 라는 패턴을 분명 찾을 수 있을 것이다.

① 영업소의 목표량을 채워야 하는데, 아 정말 미치겠다. 좀 쉬고 싶은데

하루라도 쉬면 목표량은 더 채우기 힘들 테고. 하지만 피로가 쌓이고 쌓여서 간단한 일도 제대로 판단을 내리지 못하니……. 그렇게 단순한 일도 하나 못하는데 목표량은 말할 것도 없지. 아, 어떡하지. 어떡하지!

② 아버지 말씀대로 대학에 들어가서 아버지 회사를 물려받고……. 그게 뭐야, 그 일은 보람도 없고, 내 적성에도 맞지 않는 걸. 그럼 내 인생은 뭐야. 아버지 때문에 모든 게 다 엉망진창이 되어 버렸어. 이젠 다시 돌이킬 수도 없다고!

③ 난 정말 왜 이렇게 못 생겼지. 도대체 왜 이렇게 생겨 먹었을까? 아무리 예쁘고 좋은 옷을 입으면 뭐해! 원판이 영 아닌데. 첫인상이 영 '꽝' 이니까, 뭘 하려고 해도 선뜻 시작할 수가 없잖아.

④ 난 정말 교양 없는 무식한 놈이야. 교양이 없으니까 영업에서도 실패하는 거야. 어제 지갑을 잃어버린 것도 다 그 때문이라고.

⑤ 내가 문을 잠그고 나왔나, 아냐 안 잠근 것 같아. 도대체 이게 몇 번째야. 아침마다 다시 문 잠근 걸 확인하느라, 오전 강의를 매번 빠지게 되잖아. 이렇게 출석이 나빠서 제때 졸업은 할 수 있을까, 제때 졸업 못하면 어쩌지!

⑥ 새해부턴 무슨 일이 있어도 게임기에 손대지 않기로 결심했는데……. 왜 한번 손에 잡으면 끝을 봐야 하는 거지. 미치도록 재미있는 것도 아닌데. 정말 미치겠다. 게임기를 그냥 쓰레기통에 던져버릴 수도 없고. 난 어쩌면 이다지도 의지가 약할까? 아, 어쩌란 말인가!

어떤가? 이 6가지 가운데 당신에게 해당되는 패턴이 있는가? 하나라고 대답하는 독자도 있을 테고 3가지, 4가지에 동그라미를 치는 사람도 있을 것이다. 그런 각각의 꼬리에 꼬리를 무는 고민을 유형별로 분류한다면 바로 다음과 같이 정리할 수 있을 것이다.

①→갈등형 꼬리에 꼬리를 무는 고민
   논리적으로 서로 상반되며, 동시에 다루기 불가능한 일을 한 번에 해결하려는 데서 오는 고민의 유형

②→과거집착형 꼬리에 꼬리를 무는 고민
   절대적으로 돌이킬 수 없는 과거에 원인을 두고 거기에 집착하는 유형

③, ④→꼬리표형 꼬리에 꼬리를 무는 고민
   스스로 자신의 고민거리에 자기 식으로 타이틀을 붙여서 거기에 좌지우지 당하며, 그 속에 안주하려는 유형

⑤, ⑥→강박형 꼬리에 꼬리를 무는 고민
   스스로도 바보 같은 짓인 줄 잘 알면서 그 행동이나 생각에서 쉽게 빠져나오지 못하고, 겨우 탈출했다고 생각하면 다시 그 고리에 빠져드는 유형

4가지 고민과 출구

이렇게 뱅뱅 돌아가는 4가지 고리에서 탈출하려면 각각 다른 대처법을 구사해야 한다.

이는 의학적인 관점에서 말한다면 '치료법' 또는 '대책'이라는 표현을 쓸 수도 있겠지만, 꼬리에 꼬리를 무는 고민의 경우, '극복기', '탈출 방법'이라는 표현이 적합하다. 구체적인 방법에 대해서는 각 장에서 이야기하게 되겠지만 간단하게 정리해보면 다음과 같다.

_갈등형 꼬리에 꼬리를 무는 고민
 모순된 생각에 사로잡혀 있는 건 아닌지, 다시 한번 현실을 똑바로 바라보도록 하자. 지하도를 걸어 갈 때 본인은 똑바로 걸어가고 싶어도 만약 길이 구불구불 구부러진 길이라면 어쩔 수 없이 구부정하게 걸어갈 수밖에 없을 것이다. 하지만 정작 본인은 삐딱하게 걸어가는 걸 제대로 느끼지 못한다. 커브 길을 똑바로 걸어가려는 것 자체가 처음부터 무리는 아닌지 원점에서 다시 생각해 본다.

_과거집착형 꼬리에 꼬리를 무는 고민
 삐딱하게 생각하는 건 아닌지 곰곰이 생각해 본다. 지하도를 걸어갈 때 선글라스를 끼고 있다면 세상이 온통 시커멓게 보일 것이다. 바로 당신이 그 선글라스를 끼고 있지는 않은가?

_꼬리표형 꼬리에 꼬리를 무는 고민

해결로 이어지지 않는 꼬리표를 스스로 악착같이 붙이고 있다면? 그 의미 없는 꼬리표 자리에 도움이 되는 단어를 살짝 바꿔 끼워서, 진짜 원인이 무엇인지 철저히 파헤칠 필요가 있다.

_강박형 꼬리에 꼬리를 무는 고민

잘 아는데도 고쳐지지 않는다, 그만두지 못한다. 이런 유형은 실제 행동에서 하나하나 치유 방법을 체크해야 한다.

이 책에서 소상히 밝혀 나가는 것은 이들 유형별 '탈출 방법'이지만, 독자 입장에서는 어떤 유형도 도움이 될 것이다. 복수 유형에 해당되는 사람은 물론이고, 단 한 가지에 빠져 있는 사람도 마찬가지다.

사람은 다양한 가치관을 가지고 있다. 나는 A라고 생각하지만, 어떤 이는 B라고 생각할 수도 있다. 타인의 시선에 상당히 신경 쓰는 사람이 있는가 하면, 자기밖에 모르는 사람도 있다. 요는 문제없는 사람은 단 한 명도 없다는 사실이다.

'나, 참 별 걸로 다 고민하면서 걱정을 달고 살았네!'

이 책을 통해 그런 위안 아닌 위안을 발견한다면 꼬리에 꼬리를 무는 고민을 탈출할 수 있는 희망의 빛이 보일지도 모른다.

정신과 의사라는 직업 탓인지, 진찰실에서의 대화 내용이 이 책의 많은 부분을 차지하고 있다. 독자들이 스스로의 경우에 비추어 끊임없이 스스로에게 질문을 던지면서 책장을 넘긴다면 좀더 쉽게 탈출 방법을 찾을 수 있을 것이다.

위의 4가지 타입을 다음 페이지의 표로 정리해 보았다.

이는 각각의 꼬리에 꼬리를 무는 고민을 좀더 알기 쉽게 그림으로 나타낸 것이다. 그림에 나와 있는 ○나 ● 표시는 어떤 '고민거리'를 나타낸다. ○ 속의 모양이 다른 것은 각각 다른 고민거리임을 의미한다. 화살표는 생각의 진행 방향이고 그것이 같은 지점으로 다시 되돌아온다는 것은 생각이 돌고 돌고 돈다는 것 즉, 꼬리에 꼬리를 무는 고민을 대변하는 것이다.

〈타입1〉의 경우는 단순하게 같은 지점을 돌고 있지만, 〈타입2〉는 입체적으로, 화살표가 과거의 한 지점을 향하면서 고민거리가 뱅글뱅글 돌고 있다. 〈타입3〉은 하나의 생각을 중심으로 돌고 있다. 〈타입4〉는 하나의 고리를 한 바퀴 돈 다음, 다시 또 다른 고리로 옮겨진다. 이렇게 글로 표현해도 그 의미가 확실하게 와 닿지 않을 것이다.

다음 장부터 구체적인 사례를 접하다 보면 보다 쉽게 이해할 수 있을 것이다.

타입1	**갈등형** 꼬리에 꼬리를 무는 고민 모순된 일을 끌어안고 이러지도 저러지도 못하는 타입	
타입2	**과거집착형** 꼬리에 꼬리를 무는 고민 뭔가 문제가 생길 때마다 과거 탓으로 돌리는 타입	
타입3	**꼬리표형** 꼬리에 꼬리를 무는 고민 '나는 ○○이다' 라는 생각에 사로잡혀 모든 행동이나 생각을 거기에 맞추는 타입	
타입4	**강박형** 꼬리에 꼬리를 무는 고민 스스로도 끊고 싶다는 생각이 간절하지만, 그 고리에서 탈출하지 못하는 타입	

〈꼬리에 꼬리를 무는 고민의 4가지 타입〉

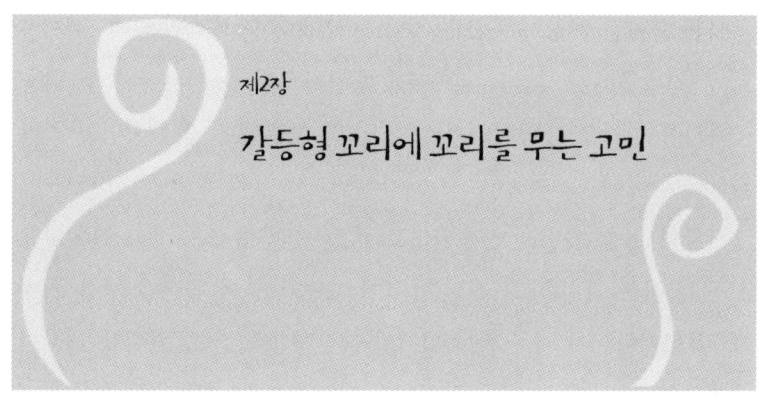

제2장
갈등형 꼬리에 꼬리를 무는 고민

누구나 빠질 수 있는 미로

과연 이 세상에 갈등 없는 사람, 고민 없는 사람이 있을까?

황금 같은 연휴를 끝내고 새벽같이 다시 일터로 돌아가야 할 때, 그 죽을 맛이란……

자나깨나 머릿속에 그것만 보이는, 정말로 갖고 싶은 명품이 있는데, 돈이 없어서 살 수 없다.

짝사랑하는 님에게 사랑한다는 말은커녕 가벼운 인사 한번 제대로 건넬 기회는 찾아오지 않고…….

열렬히 응원하는 팀의 졸속 플레이를 보고 '다시는 내가 응원하나 봐라' 하며 끓어오르는 분노를 참을 수가 없다…….

이런 문제는 제삼자가 보면 정말 고민 축에도 끼지 못한다. 하지만 조금만 더 문제가 복잡해지면 어떻게 될까?

회사에 나가도 불황이라서 일이 없다. 그렇다고 집에서 쉬자니 바로 해고감이다.

거금의 명품 가방을 신용카드로 긁었는데, 평소 너무나 싫어하는 A 씨가 같은 가방을 들고 있는 것이 아닌가. A와 같은 가방을 가지고 있다는 사실이 너무 너무 싫어서 어렵게 장만한 그 가방을 쓰레기통에 처박고 싶다.

드디어 짝사랑과 함께 할 기회가 찾아왔지만, 아뿔싸 그 날은 바로 면접일!

열렬한 팬의 차원을 넘어서 응원 팀의 상품을 우리 가게의 주력 상품으로 진열해 두었건만……. 계속해서 그런 최악의 플레이라면 가게 경영도 끝장이다.

이런 식으로 두 가지의 모순된 요소가 서로 얽히고 설키면서 어떻게 문제를 해결해야 좋을지 몰라 손놓고 있는 상태. 이런 상태가 더 깊이 더 딱딱하게 굳어진 것이 바로 갈등형 꼬리에 꼬리를 무는 고민이다.

꼬리에 꼬리를 무는 고민의 원형이라고도 말할 수 있는 이 갈등형 꼬리에 꼬리를 무는 고민을 다음의 구체적인 사례를 통해 자세히 살펴보기로 하자.

스트레스의 시작 - 콘도 씨

49세의 콘도 씨는 국립대학을 졸업하고 정부 중앙 부처에 근무하고 있는 고위직 공무원이다. 한때는 지방에서 근무한 경험도 있지만 10년 전부터는 중앙 부처의 정책 과장으로 근무하고 있다. 시쳇말로 '엘리트'라고 말해도 좋을 것이다. 부서 내에서는 냉철한 업무가로 정평이 나 있지만, 공무원 인생을 요직만 거쳐왔다고 할까, 다시 말해 항상 어렵고 힘든 업무만 담당해 온, 일복이 터진 사람이기도 하다.

그런 콘도 씨가 지금의 부서로 자리를 옮긴 것은 바로 1년 전의 일. 콘도 씨가 새로 부임한 부서는 매스컴에서 떠들썩한 유명한 스캔들의 처리를 담당하는 부서였다. 그 스캔들은 콘도 씨가 소속된 부서의 앞날이 걸린 문제로, 법정 소송은 물론 해당 장관도 이미 경질된 아주 복잡한 사안이었다. 누구나 그 담당 자리를 탐낼 만한 그런 자리이긴 했지만, 정부와 국민 사이에 샌드위치처럼 끼어서 더구나 짧은 시간 내에 처리를 해야만 되는 정말 힘든 자리였다.

바로 그때 콘도 씨가 절묘한 타이밍(?)으로 그 부에 배치를 받았던 것은 콘도 씨의 이미지―온화한 인품, 유능한 실무가로서의 역량―와 전혀 관계없지는 않았으리라. 콘도 씨도 이번엔 고생 좀 하겠다는 걸 직감했지만, 또 마음 한구석에서는 '그래 이 일은 내가 가장 적임자지!' 하며 은근히 기대를 한 것도 사실이다.

그렇지만 실제 뚜껑을 열어 보자 그 일은 상상 이상으로 고되고 힘든 일이었다. 밤 11시 이전에 퇴근한 적이 거의 없었다. 안건은 산더미 같이 쌓여 있고, 새로운 일이 물밀 듯이 밀려왔다. '일은 절대 쌓아 두지 않는다, 바로 그 자리에서 속전속결 처리한다'는 업무 철칙을 고수해 온 콘도 씨는 처음에는 자신의 페이스로 물고 늘어졌지만, 도저히 그 날 그 날 처리할 수 있는 양이 아니었다. 퇴근 후 집에 가서 잠자리에 드는 시간은 매일 새벽 2시가 훌쩍 넘는다. 아침에는 하늘이 두 쪽이 나도 새벽 6시에 일어나야만 한다.

더욱이 물리적인 양만이 문제가 아니었다. 정신적으로 결정하기 힘든 사항만 책상에 올라왔다. 사무적으로 담담하게 처리를 하면 그만이 아니었다. 며칠 지나 사태가 급변해서 그 안건은 취소 당할 때도 많았다. 업무에서 오는 불안과 함께 콘도 씨를 정말 미치게 만든 것은 행정 소송단과 시민단체와의 충돌이었다. 상대는 마치 '공무원은 악의 근원'이라는 식의 태도로 소리를 높이며 달려들었다.

최전방에서 충돌을 감내 해야 되는 콘도 씨는 '공무원 대표는 바로 당신이다'며 온갖 욕설 세례에도 고개만 숙이고 있어야 했다. 물론 마음 한 구석에는 '내가 그런 게 아닌데……' 하는 억울함도 있었지만 그런 개인적인 감정을 조금이라도 내비치면 '대화'는 바로 중단되고 말았다.

그런 나날이 계속되었지만 10개월이 지난 뒤부터는 조금씩 일의 실마리가 보이기 시작했다. 사태가 진정 국면에 들어서기 시작한 것이다. 콘도 씨가 속한 부서의 끊임없는 노력도 있어서, 국회에 새로운 관련 법안이 제출되었고 매스컴의 태도도 점차 호의적으로 바뀌었다. 시민단체도 어느 정도 성과를 얻었다고 생각했는지, 공격의 수위를 다소 낮추었다. 신임 장관으로부터의 사과 성명서 발표도 있었다. 부서 내 분위기도 점차 안정을 찾아가는 분위기였다. 물론 콘도 씨도 잔잔한 일상으로 되돌아가 사태를 해결했다는 성취감에 휩싸여 있었다.

콘도 씨에게 일어난 이변

그런데 콘도 씨의 얼굴색은 눈에 띄게 창백해져만 갔다. 가장 힘들고 어려웠던 시기에는 피로에 절어 사는 느낌은 들었을지언정, 그 눈빛에는 패기가 깃들어 있었다. 하지만 지금은 다르다. 누가 불러도 모를 만큼 책상에 멍하니 앉아 있을 때가 많았다.

당연히 눈앞의 서류더미는 쌓여 갔다. 어려운 고비는 넘겼지만, 그래도 남아 있는 서류가 장난이 아니었다. 하지만 콘도 씨는 쌓이는 서류뭉치만 그저 바라보고 있을 뿐, 마음은 콩밭에 가 있는 사람처럼 보였다. 부서 후배들이 어디 아프냐고 물어 보면 "아냐, 괜찮아" 하며 힘없이 대답할 뿐······.

어느 날 콘도 씨는 무단 결근을 했다. 이는 오랜 공무원 생활 동안 처음 있는 일로 부서 내 직원들이 "콘도 과장님 어떻게 된 거지?" 하며 직원들의 화젯거리가 될 정도였다. 그렇게 점심시간이 지나고, 콘도 씨 부인으로부터 전화가 걸려왔다.

"남편이 너무 지쳐하는 것 같아서, 좀 쉬었으면 합니다."

전화를 받은 직원이 과장의 안부를 묻자, "며칠동안 남편은 한숨도 못 잔 것 같아요. 아침에도 겨우 일어나고……. 집에 오면 입도 벙긋 안 하고, 뭔가 깊은 생각에 잠긴 것 같긴 한데, 그게 뭔지 잘 모르겠어요. 아무튼 2~3일 정도 쉬게 해 주세요"라는 콘도 씨 부인의 간절한 목소리가 돌아왔다.

이런 전화 내용은 상사인 국장에게 바로 보고되어 국장도 별 말 없이 "콘도 씨 요즘 많이 힘들어 보이던데, 푹 쉬라고 하게"라며 배려해 주었다.

하지만 정말 놀란 것은 바로 그 날 오후의 일이다. 유령 같은 얼굴을 한 콘도 씨가 사무실에 나타난 것이었다. 놀란 직원들은 "과장님! 어떻게 된 거예요? 많이 편찮다고 하시더니 집에서 좀 쉬시지 않고서" 하며 다들 한 마디씩 거들었다.

그러나 콘도 씨는 "아냐 아냐, 괜히 걱정만 끼쳤네. 일이 이렇게 쌓여 있는데 어떻게 나만 쉴 수 있는가?"라며 자리에 앉았다.

하지만 일이 손에 잡힐 리 없었다. 아니 도저히 일을 할 수 있는 상태가 아니었던 것이다. 서류더미에 시선은 꽂혀 있지만, 집중은 안 되고, 벌떡 자리에서 일어나 창가에 우두커니 서 있다가 다시 자리로 돌아와 앉고, 이렇게 왔다갔다만 되풀이하고 있었다.

그 날 콘도 씨를 집까지 배웅해 준 절친한 후배가 콘도 씨 부인에게 "저, 휴가를 며칠 내셔서 좀 쉬게 하시는 게 좋을 것 같은데요" 하며 말을 꺼냈다. 그러자 부인은 눈물을 글썽이며, "오늘도 제가 그렇게 말렸는데 부득부득 출근을 하시는 거 있죠! 정말 속상해요"라고 말하는 것이었다.

물론 그 다음 날도 콘도 씨는 어김없이 정시에 출근을 했다. 하지만 전날과 마찬가지로 멍하니 자리만 맴돌 뿐, 전날보다 더 상태가 나빠 보였다. 뭔가에 쫓기는 듯 불안한 표정이 역력했던 것이다.

마음이 아픈 마음의 병

그렇게 해서 콘도 씨는 내 진찰실을 찾게 되었다. 물론 콘도 씨가 자진해서 찾은 것은 아니다. 병원 상담을 재촉하는 부인에게 콘도 씨는 "일이 쌓여 있는데, 병원에 갈 시간이 어디 있어?" 하며 버럭 화만 냈지만, 사무실 사람들에게 사태의 심각성을 듣게 된 부인이 거의 반강제로 끌고 오다시피 해서 병원을 찾게 되었다.

콘도 씨의 경우처럼 자신의 의사가 아닌 타인에게 이끌려 정신과를 찾는 사람이 많다. 정신과 의사 입장에서 보면 이런 환자들에게는 더 세심한 배려와 신중한 대응이 필요하다. 즉 '나는 당신의 고민거리를 공감하고자 합니다. 같이 공감할 수 있는 공감대를 함께 찾아보도록 하지요' 하는 자세를 더욱 선명하게 비칠 필요가 있는 것이다.

그렇지만 콘도 씨의 태도는 내 그런 예상과는 정반대로 흘러가고 있었다. 선입관인지 모르나, 고위직 관리들이 흔히 갖고 있다는 교만 같은 건 눈 씻고 찾아볼 수 없었다. 게다가 콘도 씨는 "죄송합니다.

바쁘실 텐데 이렇게 폐를 끼치게 되었습니다. 별 일 아니에요. 그냥 좀 피로가 쌓이다 보니……. 집사람이 좀 유난을 떨어서 전 정말 아무렇지 않아요. 원래 여자들이 좀 호들갑스러울 때가 있잖습니까, 하하하!" 하며 호탕한 웃음까지 지어 보였다.

오히려 불안해 떨고 있는 쪽은 콘도 씨 부인으로 진찰실에 들어오기 직전까지 남편의 얼굴은 정말 사람의 얼굴색이 아니었다고 목소리 톤을 높여 말했다.

"원래 남편이 처음 만나는 사람 앞에서는 저렇게 연기를 해요. 그게 남편의 장점이기도 하지요. 아마 지금도 선생님께 폐를 끼친다는 생각에서 저렇게 자신을 숨기며 무리한 표정을 짓고 있는 거랍니다."

너무너무 마음이 아픈 마음의 병을, 전문가인 정신과 의사에게 그 속내를 털어놓지 못하는 데에는 몇 가지 이유가 있다.

하나는 어떤 정신병적인 이유가 그 배경에 깔려 있을 때, 쉽게 말해서 '난 미치지 않았어' 하며 자신의 병을 자각하지 못하는 경우이다. 즉 현실 세계를 굉장히 왜곡해서 받아들이기 때문에 주위 모든 인간관계에 경계심을 갖고, 정신과 의사의 개입에 대해서도 거부하는 것이다. 물론 모든 정신질환자가 자신의 병을 자각하지 못하는 것은 아니며, 환자 대부분은 일반인과 같은 커뮤니케이션을 나눌 수 있지만, 아주 드물게는 정신과 의사뿐만 아니라 인간관계 자체를 거부하는 경우도 있다.

두 번째는 의료 불신이 배경에 깔려 있어서 정신과 의사에게 신뢰감을 갖지 못하는 경우이다. 그렇게 불신을 갖고 있는 사람이 병원을 찾는다는 것 자체가 모순처럼 들리겠지만, 주위 사람들의 권유로 마지못해 진찰실을 찾는 경우가 의외로 많다. 의료계에서는 의사결정 능력이 확실하게 있는 사람이라면 본인의 의사를 존중해서 치료 계약을 맺는데, 그것이 성립하지 않으면 의료 행위를 펼칠 수 없다는 견해가 최근의 주류이다. 다른 사람이 보면 손놓고 있는 것처럼 보일지도 모르지만, 정신과 의사라고 모든 문제의 해결 박사가 아닐 것이며, 또한 마음의 병을 치유할 수 있는 방법이 꼭 정신의학만 있으란 법은 없기 때문이다. 그리고 처음부터 불신이 강하면 좋은 인간관계가 성립되기 어렵고, 치료의 성공률도 떨어지는 게 당연하다. 다만 이런 경우에라도 정신과 의사가 할 수 있는 일과 할 수 없는 일을 확실하게 설명해 줌으로써 점점 신뢰감이 싹트게 되어 치료를 시작하는 경우도 많다.

세 번째는 '너무너무 괴로워서 정말 미칠 것만 같지만, 상담해 주셔서 너무너무 감사하지만, 지금 내가 안고 있는 고민은 다른 사람이 해결해 줄 수 없는 것이랍니다. 그러니 말해도 소용없어요'라는 생각을 가진 경우이다. 달리 말하자면 '그냥 나 좀 내버려 두란 말이야, 제발 혼자 조용히 있게 해 줘!'라는 것. 콘도 씨가 바로 이 세 번째에 해당되는 케이스였다.

이런 케이스도 앞서 말한 두 번째 경우와 마찬가지로 본인의 의사를 존중해서 조용히 혼자 있게 해야 되고, 의료 행위가 별 도움이 되지 못한다. 혹은 의료 행위를 중단해야 한다는 의견이 있을지도 모른다. 하지만 정신과에 대한 불충분한 정보와 부족한 지식 때문에 정신과 의사가 도움이 되지 못할 것이라는 오해나 선입관을 갖고 있는 사람들도 많기 때문에 정신과 치료로 할 수 있는 일을 정확하게 알려줄 필요가 있다.

또 '이렇게 힘들고 괴로운 건 다 내 탓이다. 내 잘못이니까 어쩔 수 없지'라는 식으로 직면한 고민거리를 자신의 '죄 값'으로 여기는 일종의 마조히즘(masochism) 심경에 빠져 있는 경우도 있다. 이것 역시 풀지 않으면 안 된다. 조금 시간이 걸리더라도 천천히 하나씩 하나씩 풀어 나가는 게 중요하다.

드러나는 꼬리에 꼬리를 무는 고민

콘도 씨의 현재 상태를 가늠한 나는 이렇게 말을 건넸다.
"콘도 씨, 조금 전에 피로하다는 말씀을 하셨는데, 어떻게 많이 피곤하세요?"
콘도 씨도 뭔가 생각하는 바가 있었는지, 얼굴은 생글생글 미소를 지어 보였지만, 진찰실 문을 열고 들어올 때와는 사뭇 다른 무거운 목소리로 "글쎄요. 좀 여유가 없네요, 선생님. 방법이 없는 것 같아요. 방법이 없으니까 피곤한 것도 당연하죠."
콘도 씨의 이야기를 바로 받아서 "그럼 전혀 해결 불가능한 문제인가요?"라고 다시 묻자, "예, 전혀 실마리가 없어요. 해결할 실마리가……"라는 콘도 씨의 대답이 돌아왔다. 그러면서 콘도 씨는 조금씩 조금씩 속내를 털어놓기 시작했다.

"일이 정말 끝이 없어요. 하루 자고 나면 일이 산더미처럼 쌓여 있어요. 야근도 1년 넘게 밥 먹듯이 했죠. 정말 너무 힘들고 피곤해서 좀 쉬고 싶은데 하루 쉬면 그만큼 일이 배로 쌓이니……. 그러니 더 쉴 수가 없지요. 제대로 못 쉬니까, 항상 피로에 절어 있고요."

콘도 씨의 이야기는 다음 페이지의 그림처럼 '일이 밀려온다→피곤하다→쉬고 싶다→쉬면 더 일이 쌓인다' 와 같이 빙글빙글 도토리 쳇바퀴 돌듯 돌아가고 있었다. '쉬고 싶다' 는 것과 '쉬면 더 사태가 악화된다' 는 것은 동시에 만족시킬 수 없는 불가능한 대립 선상에 있다. 이 고리에 빠져들면 사태 해결은 객관적으로 봐도 불가능하다. 이는 전형적인 갈등형 꼬리에 꼬리를 무는 고민인 것이다.

이 유형의 특징은 무엇보다도 뱅뱅 돌고 도는 '사이클 구조' 에서 쉽게 탈출 할 수 없다는 점인데, 주의해야 할 점은 한 바퀴 한 바퀴 돌 때마다 '어쩌지, 어쩌지?' 하는 불안감과 초조함이 심화되어, 점차 그 사이클 구조가 아래로 꺼져 간다는 점이다. 즉 나선형 모양으로 돌고 돌아서 밑바닥까지 떨어질 수도 있다는 것. 초조와 불안이 밀려들어 꼬리에 꼬리를 무는 고민이 극단적으로 나쁜 방향으로 몰리다 보면 그 최악의 종착지가 자살에까지 이르기도 한다.

내 경험으로 미루어 볼 때, 직장인들의 업무 과로에 의한 자살은 그 50% 이상이 이와 같은 '꼬리에 꼬리를 무는 고민의 나선형 현상' 에서 비롯되고 있다.

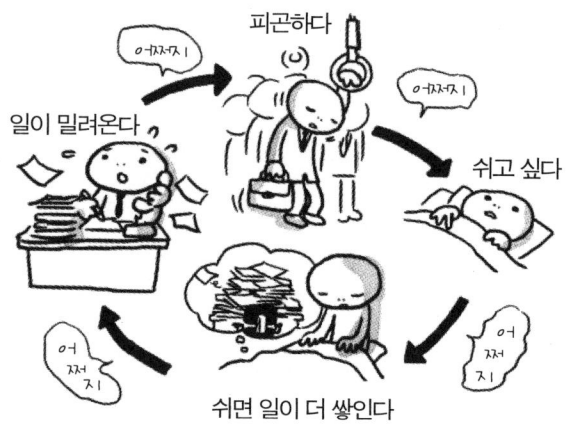

〈콘도 씨가 빠진 갈등형 꼬리에 꼬리를 무는 고민〉

몰려오는 초조감, 조여 드는 절망감

그럼, 콘도 씨의 이야기에 좀 더 귀를 기울여 보자.

"업무량이 정말 엄청난데다가, 한 가지 일을 처리한다고 끝난 게 아니에요. 안건이 하나만 있는 게 아니니까요. 업계와 단체에 보내야 되는 답변서가 매일같이 날아오고, 국회의원들의 국회 답변용 원고 초안도 불쑥 끼어 들지요. 게다가 의안이나 답변서를 작성하려고 하면 기존의 관련 법안에 대해서 정통해야 하죠. 그렇지 않으면 조사하나 때문에 문제가 될 수도 있으니까요. 그 자료를 검토하는 작업이 또 만만치 않습니다. 그러니 학교 때 시험 전날처럼 매일 매일이 긴장의 연속이랍니다. 그래서 사무실에서 다 처리하지 못하고 휴일에도 집에서 일을 합니다. 그러다가 자료를 하나라도 빠트리고 오면 다시 사무실로 가야 해요. 그렇게 일요일날 출근을 하면 또 다른 일이 책상에 쌓여 있어요. 그럼 또 그걸 해결하느라 일요일 야근도 불사하게 되고요. 늘상 이런 식이다 보니, 요즘에는 식구들하고도……. 아들 녀석도 사춘기라서 조심스러운 시기인데, 대화는커녕 얼굴 마주 대할 시간도 없으니, 집사람도 불만이 이만저만이 아니죠. 그렇다고 집사람 이야기를 들어줄 만큼 마음의 여유가 있는 것도 아니고 부부관계도 정상적일 수가 없죠. 정말 맘놓고 쉴 수도 없습니다. 여기저기서 몰려오고, 조여드는 느낌뿐이에요. 회사를 그만둘까 생각도 해봤지만, 내가 벌지 않으면 거리에 나 앉고 말거예요……. 정말 끝이 보이지 않아요."

처음 미소짓던 모습과는 달리 어두운 표정으로 이어나가는 콘도 씨의 이야기 속에는 꼬리에 꼬리를 무는 고민에 수반되는 현상을 나타내는 전형적인 두 개의 단어가 포함되어 있음을 알 수 있다.

그 중 하나는 바로 '몰려오는 느낌'. 이는 문제가 하나가 아니라 (하나라면 그나마 해결할 수 있을 지도 모른다) 사방에서 동시다발적으로 펑펑 터지고 있다는 것이다. 그 모든 일이 나를 향해 몰려오고 있다는 느낌인데, '그 많은 일을 나보고 다 어쩌란 말이야. 그걸 어떻게 다 처리해!' 라는 생각에서 입술이 바짝바짝 타 들어가 듯 초조감이 강하게 엄습하게 된다.

또 한 가지는 '조여드는 느낌'이다. 이는 몰려오는 여러 사태에 짓눌려 이미 코너에 몰려있다. 더 이상 도망갈 곳이 없다. 쫓기다 쫓기다 더 이상 갈 곳이 없어서 마지막엔 그 자리에 털썩 주저앉을 수밖에 없다는 느낌으로 마침내 '더 이상의 도피 장소가 없는 절망감'으로 이어지게 된다.

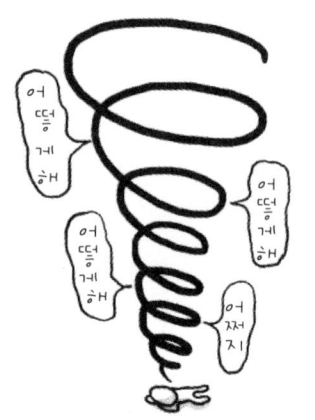

〈꼬리에 꼬리를 무는 고민의 나선형〉

이 갈등형 꼬리에 꼬리를 무는 고민에서 '몰려오는 느낌'과 '조여드는 느낌'이 반드시 공존하는 것은 아니지만, 만약 이런 현상들이 나타난다면 이미 가벼운 상태는 아니라는 것이다. 가능한 빨리 손을 쓰지 않으면 '꼬리에 꼬리를 무는 고민의 나선형'에 빠질 위험이 있다.

문제를 몽땅 끄집어내 본다

콘도 씨가 빠진 꼬리에 꼬리를 무는 고민은 '쉬고 싶다'와 '쉬면 일이 곱절로 쌓이니 도저히 쉴 수가 없다'는 서로 모순된 갈등의 고리 속에 갇혀 허우적대며 탈출하지 못하는 경우이다. 이는 가장 흔히 볼 수 있는 타입의 꼬리에 꼬리를 무는 고민으로, 당사자가 느끼는 고통의 정도가 가장 심한 꼬리에 꼬리를 무는 고민이라고도 말할 수 있다.

그렇다면 이런 타입의 해결 방법은 무엇일까? 콘도 씨의 탈출 과정을 통해 알아보기로 하자.

이 갈등형 꼬리에 꼬리를 무는 고민에서 탈출하려면 고리 어디에선가, '탈출'을 선언한 뒤, 밖으로 나가는 방법밖에 없다. 문제는 어떻게 밖으로 나가느냐인 것이다.

우선은 콘도 씨의 마음 속 깊은 곳에 자리한 속내에서 그 힌트가 될 만한 정보를 수집하는 일이 첫걸음이다. 치료 활동을 펼치는 입장에서 보면 '환자의 이야기에 더 세심한 주의를 기울여야 된다'는 것이다.

이럴 땐 환자와의 대화 내용에 그 어떤 단서도 달지 않는다. "○○은 어떻게 생각하세요?"라든지 "집에선 무슨 문제가 없나요?"라는 식의 이야기는 일절 해서는 안 된다. 대신 "뭐든지 괜찮으니까, 하시고 싶은 말씀이 있으면 편하게 말씀해 보세요"라며 환자를 배려해야 한다.

물론 이야기의 방향이 두서가 없을 수도 있지만, 처음에는 크게 문제가 되지 않는다. 정보 수집의 목표는 '좀더 상황을 자세히 알고 싶다'는 것이며, '뭔가 해결에 도움이 될만한 사실이 있지 않을까?', '정말 쓸데없는 일로 걱정하고 있는 건 아닌가?', '도움이 될 만한 든든한 지원군은 한 명도 없는가?' 등등의 사실을 밝혀내기 위함이다. 적어도 힌트가 되는 정보를 알아내려는 것이다.

이런 대화 과정에서 '뭔가 도움이 될 만한 사실을 찾는다'는 것에만 급급하다 보면 의사 자신도 모르는 사이에 "콘도 씨, 당신은 너무 비관적인 말씀만 하시는 것 같군요. 단 한 가지라도 좋으니 밝은 얘기를 좀 해 주세요"라는 말이 입가에서 맴돌기 쉽다. 더 심한 경우, "콘도 씨 모든 걸 다 긍정적으로 생각하셔야 됩니다"라며 정말로 형편없는 조언을 늘어놓는 경우도 생긴다. 하지만 그런 얘기들은 전혀 의미 없는 것들이다. 아니 오히려 독이 된다.

갈등형 꼬리에 꼬리를 무는 고민에 빠지는 사람은 뱅뱅 돌고 있는 한 절대 긍정적인 발상이 나올 수가 없다. 그것을 억지로 구하다 보면 정말 '맨 땅에 헤딩'하는 격.

생각이 절대 긍정적으로 기울지 않는데, 계속해서 강요한다면 초조함과 불안감이 더해지고 '도대체 지금 현재로서는 내 생활에서 좋은 면이 없는데, 어디서 찾으란 말이야. 이 의사, 진짜 내 맘 몰라주네' 하며 치료의 끈이 싹둑 잘릴 수도 있다.

환자의 이야기에 전제 조건을 달지 않는다는 사실에는 '아무 얘기나 다 하셔도 됩니다'는 뜻도 있지만, '혹시 지금까지 하신 말씀말고도 더 힘든 일은 없는지요?' 라는 뉘앙스가 담겨 있다. 그런 정보 속에도 긍정적인 것, 밝은 것, 기분 좋은 일은 얼마든지 힌트를 찾아낼 수도 있다.

물론 환자의 이야기가 모두 진실이며, 객관적인 사실이라는 보장은 없다. 꼬리에 꼬리를 무는 고민에 빠진 사람들은 대개 성실하며,

의도적으로 거짓말을 하지 않는다. 하지만 감정이 고조된 상태에서는 사실을 더 과장되게 오버해서 받아들일 수도 있다.

즉, 좋은 징후를 나쁜 일의 계시로 받아들이거나, 앞으로 일어날 일에 있어서 최악의 경우에만 초점을 맞춘다거나, 이미 지난 일인데도 불구하고 현재까지도 계속해서 이어지고 있다는 선입관을 갖는 것이다.

하지만 그런 왜곡된 인식을 포함해 환자 스스로가 '사실'이라고 여기는 것을 들으며 그것을 가능한 정확하게 정리해서 해결의 단서로 삼아야 한다. 뒤에서 더 자세하게 이야기하겠지만, 환자로부터 정보를 끄집어내는 일은 꼬리에 꼬리를 무는 고민 탈출을 위한 가장 기본적인 첫걸음이다.

뭐든지 편하게 이야기하라는 내 말을 듣고 콘도 씨는 계속해서 말을 이어나갔다.

"물론 일이 많은 건 사실이지만, 공직에 있다면 그건 당연한 일이고, 변명도 되지 않을 겁니다. 나도 공무원의 한 사람으로서 책임감이 느껴지고, 죄를 받아야 한다면 달게 받아야겠죠. 시민단체 사람들도 언제나 목소리를 높이지만 나로서는 변명의 여지가 없습니다. 그저 '죄송합니다' 하고 사과만 할 뿐이지요. 물론 그렇게 속없이 이야기하는 것도 쉬운 일은 아닙니다만……

게다가 제 능력도 그에 훨씬 못 미치고 있습니다. 부서 사람들에게 민폐만 끼치는 것 같고, 원래 일을 신속하게 처리하는 스타일도 아닌 데다가 남 앞에 설 그릇도 못 되는데……. 정말이지 그런 제 능력의 부족함을 절실히 느끼고 있습니다. 다른 사람에게 폐를 끼치고 싶지 않고 직원들의 부담도 덜어 주려다 보니 아무래도 저 혼자 일을 떠맡을 수밖에 없어요.

예전에 한 선배가 저에게 그러더군요. '넌 다 좋은데 남한테 일을 맡기지 못하는 게 흠이야' 라고요. 하지만 아랫사람한테 믿음을 주려면 결국 제 스스로가 움직일 수밖에 없어요. 이제 어려운 고비는 넘겼으니 천천히 한숨 돌려도 되지 않겠냐는 직원들도 있지만, 그렇지 않아요. 분명 서류의 가지 수는 전보다 훨씬 줄어든 게 사실이지만, 이번 일이 깔끔하게 처리되었다고는 생각하지 않아요. 솔직히 대충 눈 가리고 아웅 식의 처리도 있었고, 그런 걸 생각하면 다시 원점으로 돌아가서 일을 처리하고 싶을 정도예요.

국회에서 만약에 문제가 된다면 정말 큰일이지요. 나 혼자만 책임을 지고 끝나는 게 아니고 부서 자체에 영향을 끼친다면 어떻게 해야 될지……. 그런 일에 대비해서 철저한 준비를 해 두어야 하는데, 일단 일이 일단락 지어지니까 긴장이 풀려서 마음만 초조하고 집중력도 떨어지네요.

이런 증상이 나타난다는 건 문제가 아직 아무 것도 해결된 게 없다는 걸 뜻하는 게 아니겠어요? 후배들에겐 그러죠. 최악의 경우를 대비하라고. 하지만 그렇게 말한 정작 본인은 이렇게 한심하게 앉아 있으니, 아마 후배들도 제 말을 믿거나 말거나 하겠죠."

문제점의 정리

이렇게 직면한 문제를 두서없이 이야기하기만 해도 기분이 한결 가벼워질 때가 있다. 콘도 씨도 이를 통해 기분이 약간 좋아진 것 같았다. 그리고 적어도 콘도 씨가 내 진료를 안심하고 있다는 건 확실했다.

하지만 문제점을 몽땅 끄집어냈다고 해서 문제가 해결된 건 아니다. 다음 단계는 이

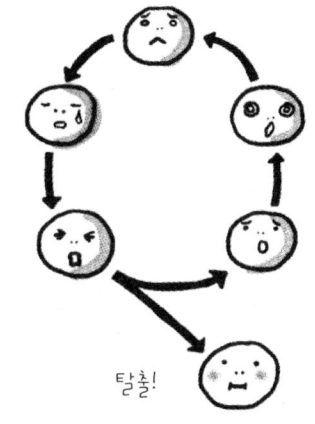

〈꼬리에 꼬리를 무는 고민에서의 탈출〉

문제들을 정리하는 일이다. 나도 콘도 씨와 하나가 되어서 꼼꼼하게 문제점을 정리해 나가고자 했다.

콘도 씨의 이야기를 종합해 보면 다음과 같다.

① 공무원으로서 대가를 치르고 있다.
② 시민단체에 불만이 없는 건 아니지만, 무조건 사과할 수밖에 없는 처지다.
③ 능력도 없는데 지금의 자리에 올라와서 다른 사람에게 괜히 피해만 주고 있다.

④ 내가 최선을 다해 극복할 수밖에 없다.
⑤ 지금까지 대강대강 처리해 온 일들의 대가를 톡톡히 치르게 될 것이다.
⑥ 자꾸 초조해지는 까닭은 일이 아직 해결되지 않았다는 걸 의미한다.
⑦ 과거에 한 말과 지금의 행동이 모순을 이뤄 괴롭다.

이를 정리해 보면 '내가 나쁘다, 무능하다'는 죄책감이 마음 깊이 뿌리를 내려 모두에게 민폐를 끼치고, 그래서 마음이 편하지 않으며, 마음이 편치 않으니까, '내가 나쁘다'는 생각이 이어지는 사이클을 찾을 수 있다. 즉 여기에서 또 다른 형태의 꼬리에 꼬리를 무는 고민이 있음을 알게 된 것이다.

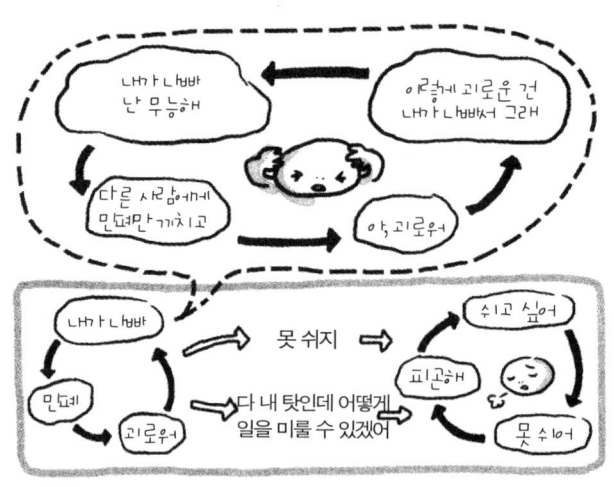

〈콘도 씨의 또 다른 꼬리에 꼬리를 무는 고민〉

장애물은 장애물일 뿐이다

　이와 같이 콘도 씨의 고민을 종합해 보면 복수의 꼬리에 꼬리를 무는 고민이 얽히고설켜 사태를 복잡하게 만들고 있는 것을 확인할 수 있다.
　분명 콘도 씨가 처한 상황은 누가 봐도 가히 좋은 상황은 아니다. 하지만 그 어려운 상황이 꼬리에 꼬리를 무는 고민 때문에 실제보다 훨씬 더 최악의 상황으로 부풀려질 가능성이 있다는 것이다.
　그렇다면 왜 꼬리에 꼬리를 무는 고민은 사태를 복잡하게 만들고 장애물의 수를 늘리는 걸까? 그 질문에 답하려면 먼저 '사실'과 '기분'의 상호 관계에 대해 설명할 필요가 있다.
　원래 어떤 사실에 직면했을 때 그것을 어떻게 바라보느냐, 어떻게 받아들이느냐에 따라 그 사건, 그 일에 대해 느끼는 기분이 달라지기 마련이다.
　예를 들면 자정이 넘어서까지 거리의 네온사인이 번쩍번쩍 빛나는 광경을 접하고는, '와, 굉장한데. 불황이다, 뭐다 해도 우리나라, 아직 끄떡 없어'라는 생각을 가진다면 기분은 한결 가벼워질 테지만, '뭐야, 에너지 낭비잖아. 지구환경도 생각해야지'라고 생각한다면 어두운 표정과 함께 심하면 분노가 용솟음칠지도 모른다. 물론 여기에서 잘잘못을 따지자는 게 아니다. 다만 생각하는 방식에 따라서 똑같은 일이지만 느끼는 기분은 다를 수 있다는 것이다.
　좀더 일상적인 예를 들어본다면, 프로야구 중계에서 자이언트 팀

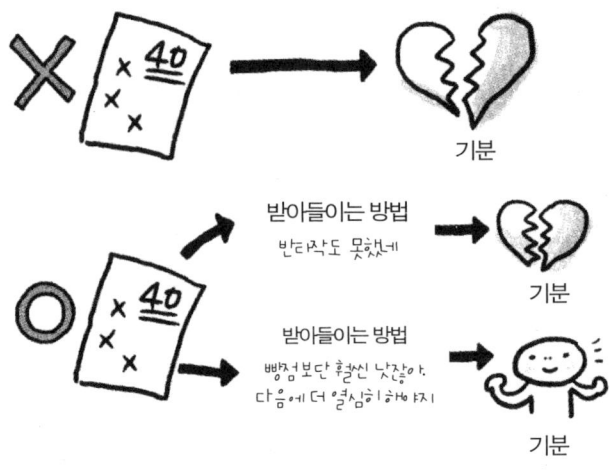

〈 '사실 = 기분'은 아니다 〉

이 이기고 있는 장면을 보고 있다고 가정해 보자. 만약 당신이 자이언트 팬이라면 "와, 이겼다. 이겼어. 더 해보나 마나 한 게임이야. 와 신난다!" 하며 기분이 좋아서 폴짝 폴짝 뛸지도 모르지만, 반대로 당신이 안티자이언트라면 "뭐야, 자이언트가 이기기만 해 봐라. 아이 정말 왕짜증" 하며 얼굴이 붉으락푸르락 변할 것이다. 위의 사례에서도 직면한 사실이 문제가 아니라, '그것을 어떻게 생각하느냐'가 문제라는 사실을 알 수 있다.

이 직면한 사실이 '장애물'이라고 해도 마찬가지이다. '장애물과 고통의 관계'를 나타낸 다음의 그림처럼 1. 경험에서 장애물에 부딪쳤을 때, 그리고 2에서 그것을 어떻게 생각하느냐에 따라 3에서 맛보

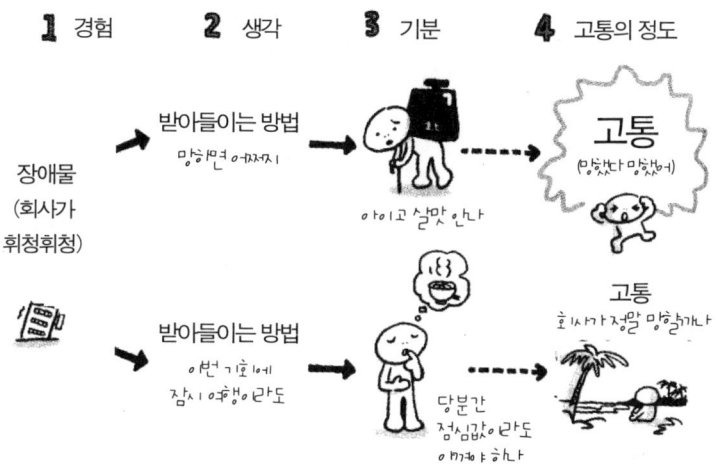

〈장애물과 고통의 관계〉

는 기분이 달라지게 된다. 그리고 그 기분에 따라 4에서 느껴지는 '고통의 정도'가 차이나게 되는 것이다.

더 쉬운 사례를 들어보면, 입시전쟁에서 원하는 대학교에 들어가지 못한 한 수험생이 '난 정말 안 돼. 난 뭘 해도 마찬가지야'라는 생각에 빠진다면 입시 낙방에서 비롯된 고통의 크기는 걷잡을 수 없이 커지겠지만, '열심히 해서 내년에 다시 도전해 볼 거야. 어쩌면 올해보다 더 나은 대학에 들어갈 수 있을 지도 모르잖아'라는 생각을 가진다면 고통의 크기가 조금은 줄어들 것이다.

거듭 강조하는 얘기지만, '어떻게 바라볼 것인가?'에 대한 정답은 존재하지 않는다. 사물을 보는 관점은 개성이나 각자가 처한 입장에 따라 다를 수밖에 없다. 하지만 그 사건을 보는 관점에 왜곡이 있는 경우에는 기분도 일그러지고, 그와 비례해 고통의 세기도 배로 늘어날 수 있다는 점을 지적하고 싶은 것이다.

그리고 그것이 꼬리에 꼬리를 무는 고민의 출발점이 되거나, 꼬리에 꼬리를 무는 고민에서 탈출할 수 없는 이유가 될 수도 있다. 꼬리에 꼬리를 무는 고민의 탈출 포인트는 이런 사실을 바라보는 시각에 왜곡은 없는지 차분하게 검토하는 것에 있는 것이다.

지나친 일반화 - 생각의 왜곡 ①

그렇다면 콘도 씨의 경우, 사실을 바라보는 시각에 왜곡은 없었을까? 콘도 씨는 사실을 있는 그대로 받아들이고 바라보았을까?

이와 같은 물음들은 다소 애매하게 들리지도 모르나, 역시 앞에서 정리한 문제점을 중심으로 풀어 본다면 현명한 답을 찾을 수 있을 것이다.

콘도 씨의 마음속에 가장 큰 부분을 차지하는 것은 '내 탓이야. 난 안 돼'라는 생각이다. 그런 생각에 빠져 있는 콘도 씨를 보고 "아니에요. 그렇지 않아요. 당신이 잘못한 것은 없어요"라는 위로의 말을 건넨다면?

물론 그런 위로의 말은 제삼자 입장에서는 쉽게 건넬 수 있겠지만, 콘도 씨 입장에서 보면 '내 탓이야. 난 안 돼'라는 생각이 꼬리에 꼬리를 무는 고민의 중심에 딱 달라붙어 있는 만큼 그리 간단한 말로 그런 생각들을 깔끔하게 지울 수는 없을 것이다.

또, 꼬리에 꼬리를 무는 고민과 관련이 있다고 해서 그런 콘도 씨의 생각이 반드시 나쁘다거나, 결정적인 왜곡이 있다고 단정지을 수는 없다. 여기에서는 우선 결론을 성급하게 내리지 말고 차근차근 검토해 보는 것이 중요하다.

생각을 점검하기 위해서는 '그렇게 생각하는 근거는 무엇인가?'라는 물음부터 시작하는 게 현명하다.

나는 콘도 씨에게 이런 질문을 던져 보았다.

"콘도 씨는 '내가 나쁘다, 다 내 탓이다'라는 말씀을 자주 하시는데, 혹시 그렇게 생각하시는 이유가 있습니까?"

그러자 곧바로 "저는 공무원이니까요"라는 대답이 돌아왔다.

나는 그 대답을 듣는 순간 바로 생각의 왜곡이 있음을 감지해 냈다. 공무원이라고 해서 모두 나쁜 건 아니고 콘도 씨가 공무원의 대표도 아니다. 공직에 있는 사람들 중에도 나쁜 사람도 있고 좋은 사람도 있는데, 어떻게 유독 콘도 씨만 악덕 공무원이라고 말할 수 있겠는가?

그래서 나는, "맞습니다. 콘도 씨가 공직에 계신 건 분명한 사실입니다. 하지만, 그렇다고 해서 콘도 씨가 왜 나쁘다는 거죠?"라고 되물었다.

"요즘 공무원을 바라보는 시각이 나쁘잖아요."

여기에서 콘도 씨의 생각은 '나는 공무원이다' → '공무원에 대한 인식이 나쁘다' → '그래서 공무원은 나쁘다' → '그러니 나는 나쁘다' 라는 것이었다.

물론 이 생각 속에는 엄청난 비약이 존재한다는 건 두말 하면 잔소리지만, 그것을 간략하게 정리해 보면 '사물을 지나치게 일반화시키고 있다'고 할 수 있다.

즉 '악덕 공무원은 있다', '공직에 팽배해 있는 관료주의 그 자체는 일부 매스컴의 입방아에 오르고 있으며 인식이 나쁘다'까지는 사실이지만, 그렇다고 해서 '공무원은 나쁘다'는 일반론이 성립될 수는 없는 것이다.

또 콘도 씨가 공무원이라는 사실이 바로 '악'과 동의어가 된다는 생각도 분명 지나친 일반화이다.

실제로 꼬리에 꼬리를 무는 고민의 저편에는 이런 '지나친 일반화'가 도사리고 있는 경우가 많다. 이런 생각의 오류를 발견했을 때, 그 생각의 오류점이나 모순을 직접 지적하기보다는 '그렇게 생각하는 근거'에 대해 되풀이해서 이야기를 나누는 것이 생각의 왜곡을 바로잡는 데 훨씬 더 효과적이다.

콘도 씨의 경우도 나와 대화를 나누면서 자신이 개별 사실들을 지나치게 일반화시키고 있다는 점을 깨닫게 되었다. 그리고 콘도 씨 스스로 다음과 같은 생각에 도달할 수 있었다.

"공무원이라고 해서 내가 나쁜 건 아니겠죠."

"지금 사람들 입방아에 오르내리긴 하지만 공무원들이 항상 나쁜 것만은 아니에요."

마이너스화 사고 - 생각의 왜곡 ②

'내 탓이다'라는 콘도 씨의 생각 저변에는 '과거에 업무를 훌륭하게 소화해 내지 못했다'는 또 다른 생각이 도사리고 있었다. 하지만 그것은 나로서는 믿기 어려운 일이었다.

지금까지 쌓아 온 경력만 봐도 콘도 씨의 인생은 '유능한 공무원'이라고 주저 없이 말할 수 있을 것이며, 누가 봐도 평범 그 이상으로 성공을 거둔 '실패 없는 인생'으로 보여졌기 때문이다. 더욱이 콘도 씨의 컨디션이 바닥으로 떨어졌을 때 그의 부하나 상사의 배려를 보면 사무실에서도 덕망을 갖춘 인물로 비춰지고 있다는 사실을 짐작할 수 있다. 그렇다면 여기에도 '생각의 왜곡'이 존재할 가능성이 있지 않을까?

나는 이 문제의 경우, '마이너스화 사고'라는 생각의 왜곡과 연관이 있을 것 같다는 느낌이 들었다. 이 세상 살아가다 보면 좋은 일도 있고, 나쁜 일도 있기 마련이다. 이 말에 반론을 펼치는 사람은 없을 것이다. 하지만 나쁜 면에만 초점을 맞춰서 좋은 면은 무시한다면, 사는 것 자체가 고행길이다.

좋은 일, 즉 플러스마저 애써 마이너스로 생각해 버린다는 의미에서 이를 '마이너스화 사고'라고 부른다. 왜 좋은 일을 나쁘게 보는지 쉽게 납득이 가지 않겠지만, 꼬리에 꼬리를 무는 고민에 빠져 있는 사람 가운데에는 이렇게 생각하는 사람이 많다. 이를테면 '사서 고생형' 스타일도 이런 사고방식과 관계가 깊다.

우리 주변에서 흔히 볼 수 있는 경우를 한번 생각해 보자.

크게 평수를 늘려 집을 새로 장만한 사람이 '아이고, 돈이 왕창 깨졌다', '지금에 와서 생각해 보니 지난 번 집도 그런 대로 살만 했는데', '아이고 멀쩡한 집을 내가 날려 버렸네', '새 집도 내 이상형은 아닌데……', '왜 집을 새로 지어 가지고 말야' 하는 후회를 넘어서 우울증에 빠지기도 한다.

실제로 주택의 신축이나 이사 뒤의 노이로제 상태에 빠져 내 진찰실을 찾는 사람이 많다. 이 경우에는 새 집의 쾌적함, 오랜 꿈인 내 집 마련의 실현 등의 좋은 면을 무시한 채 새 집의 부정적인 면과 문제점에만 온 신경을 집중시키기 때문이다.

또 상사가 실력을 인정해서 "정말 잘 해냈네" 하며 칭찬의 말을 건네도 '아냐, 내가 불쌍해서 위로해 주려고 그런 칭찬을 하는 걸 거야' 라는 식으로 좋은 일을 부정하고 나쁜 일로 애써 바꿔 놓으려는 사람도 있다.

이처럼 생각은 일종의 버릇 같은 것으로, 왜 그렇게 생각하는지 논리적으로 설명하기는 어렵지만, 안타까운 점은 이런 버릇을 가진 사람은 실제 나쁜 일이 일어나면 "그래, 역시 그랬어. 내 팔자에 무슨……" 하며 거의 패닉 상태에 빠지는 경우가 많다는 점이다. 좋은 일에는 둔감한 반면, 나쁜 일에 대한 내성은 취약하다는 이중적인 문제를 갖고 있는 것이다.

만약 당신의 사고 스타일이 마이너스에 더 빨리 반응한다면, 그 점을 빨리 파악해서, 반드시 새로운 마음가짐을 가질 필요가 있다.

콘도 씨도 그런 '버릇'을 갖고 있었다. 콘도 씨가 지금까지 착수한 프로젝트는 수도 없이 많았다. 그것은 대개 사안이 미묘하지 않은 것들이 대부분이었지만, 그가 몸담고 있는 공직 세계에서는 '콘도 씨는 실력가'로 정평이 나 있었다. 게다가 '나 홀로 잘났다'고 내세우는 스타일이 아닌, 상사를 추켜세워 주고 아랫사람을 배려해 주는 그의 인품을 흠모하는 사람도 많았다. 콘도 씨는 바로 그 점을 자각해서 자신을 좀더 좋게 평가해도 좋았을 것이다.

그렇지만 콘도 씨는 자신의 장점에 둔감했다. 그리고 가끔씩 일어나는 실수에 지나치게 민감해 있었다. 마치 자신의 결점이나 나쁜 사건만 항상 찾고 있는 사람처럼 비춰졌다. 바로 그 점이 콘도 씨의 온화하면서도 사람 좋아 보이는 얼굴에 어딘가 모르게 어두운 그림자를 드리웠던 것이다.

이런 마이너스화 사고 버릇을 고치려면 그것을 말로 지적하는 것만으로는 부족하다. 나는 콘도 씨의 과거 공무원 인생을 이야기하게 함으로써 이 문제에 대한 접근을 시도했다.

여기에서 분명하게 드러난 사실은 화려하지는 않지만, 콘도 씨 인생에는 수많은 성공 체험이 있었다는 점, 물론 실패담도 있었지만 대부분 대수롭지 않은 것이었다. 말을 하는 동안에 콘도 씨 스스로도 "나에게 이런 일이 있었던가?" 하며 자신의 왜곡된 생각을 깨달아 갔다.

물론 자각했다고 해서 그 버릇을 쉽게 고칠 수 있는 건 아니다. 앞으로도 일상 생활 속에서 끊임없이 주의를 필요로 하는 부분이다. 이와 관련해서는 뒷부분에서 다시 한 번 정리해 보기로 하자.

기분과 사실의 혼동 - 생각의 왜곡 ③

콘도 씨의 생각 가운데, 또 한 가지 짚고 넘어가야 할 점은 앞에서 나온 '몰려오는 초조감'과 '조여드는 절망감'이다.

앞에서도 이야기했듯이 이는 '사방에서 동시다발적으로 일이 일어나서, 빼도 박도 못하는 상황, 그래서 조임을 당한다'는 생각인데, 이런 생각의 결과로 초조함과 절망감이 더해져 자살로까지 이어질 수 있는 아주 위험한 징후이기도 하다. 꼬리에 꼬리를 무는 고민의 나선형(나선 모양으로 기분이 꺼져 가는 현상)을 초래한다는 사실도 앞에서 설명했다.

그런데 왜 이런 생각을 하게 될까? 다시 콘도 씨에게 '그런 생각의 근거'를 물어 보기로 했다.

나   콘도 씨의 마음과 느낌을 아주 허심탄회하게 말씀해 주셔서, 대충 문제가 정리되는 것 같네요. 그런데 여러 가지 문제가 동시다발적으로 일어남으로 인해 몰려오고, 조여 오는 느낌이 든다고 하셨지요. 그래서 아주 심각한 상황에 처해 있는 것 같다고. 혹시 그렇게 느끼는 근거가 있으신가요?

콘도 씨   저에게 책임이 있어요. 제가 많이 부족하니까요.

나   부족해서 그렇게 느낀다는 말씀이세요? 그러니까 사실은 그 정도는 아닌데, 그런 느낌이 든다는 건가요?

콘도 씨   아뇨, 아닙니다. 모두 사실이에요.

나   사실이라는 근거를 다시 한 번만 생각해 보지요.

콘도 씨   무엇보다 제 마음이 편하지 않다는 겁니다. 강물 속으로 온몸이 조금씩 조금씩 잠겨 가듯 기분이 꺼져 간다는 거예요. 이런 끔찍한 기분, 우울감이 바로 상황이 굉장히 좋지 않다는 걸 대변해 주는 것 아닙니까?

나   끔찍한 기분이 끔찍한 상황의 증거라는 셈이군요.

콘도 씨   그게 아니라면 이렇게 우울하거나 기분이 꺼져 갈 리 없지 않습니까?

여기에서 기분과 사실이 혼동되고 있다는 사실을 직감했을 것이다. 누구나 알고 있듯이 기분은 기분일 뿐, 사실과 동의어가 아닌데, 그 부분을 혼동하고 있는 것이다. 나는 이 혼동이야말로 몰려오고,

조여 오는 느낌의 원인이 되고 있다고 생각했다. 왜냐하면 인간은 수많은 일을 겪으면서 살아가는데, 꺼져 가는 기분이라는 필터를 통해 생각한다면, 그 수많은 일들이 모두 꺼져 가는 최악으로 여겨질 수밖에 없다.

왜 이런 혼란이 생기는 것일까? 그 배경을 다음의 그림을 통해 생각해 보자. '사실과 기분의 혼동'에 대한 그림을 자세히 보면 크게 점선으로 위와 아래를 구분해 두었다.

즉 그림의 윗부분과 같이, 하나의 사실이 직접 기분을 결정하는 것이 아니다. '사실'과 '기분' 사이에 '생각'이라는 녀석이 존재해서, 사실을 어떻게 생각하느냐에 따라 기분은 달라지게 되는 것이다.

하지만 아래 그림과 같이 사실과 기분이 바로 직결된다고 믿는다면 어떻게 될까? 즉, 사실과 기분이 같다면 '기분이 나쁘면 사실도 나쁘다(기분=사태)'라는 결론에 도달하게 되는 것이다.

이를 바로 잡으려면 위의 그림처럼 사실과 기분 사이에 존재하는 '생각'의 존재를 확실하게 이해하는 것이 전제되어야 한다.

기분과 사실을 구분할 있다면, 나쁘다고 여기는 사실을 어떻게 생각하고 있는지를 하나하나 검토할 수 있게 된다.

물론 검토 결과, '모든 일이 그리 최악은 아니었어'라며 호의적인 사실만 이끌어 낼 수 있는 건 아니다. 경우에 따라서는 정말 엄청난 최악의 사건·사실일 수도 있다. 그러나 각각의 문제점들을 객관적인 시각에서 검토해 봄으로써, 조여 오는 절망감에 넋 놓고 있을, 그런 최악은 아님을 깨닫는 경우가 더 많다.

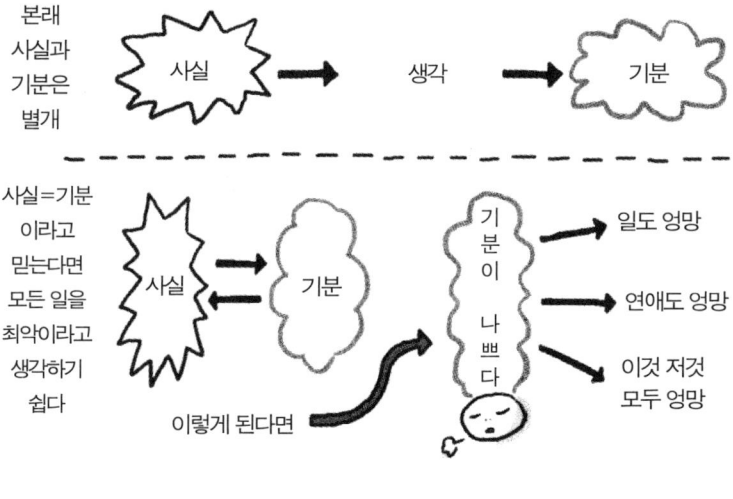

〈사실과 기분의 혼동〉

글로 써서 정리하는 방법

지금까지 콘도 씨의 지나친 일반화, 마이너스화 사고, 사실과 기분의 혼동 등에 대한 생각의 왜곡에 대해 살펴보았다. 그리고 그 해결점에 대해서도 생각해 보았는데, 여기에서는 그 내용들의 정리와 아울러 생각을 글로 써서 정리하는 해결법에 대해 알아보기로 하자.

되풀이되는 이야기이지만, 생각의 왜곡을 바로 잡기 위해 "당신의 생각은 일그러져 있소!"라고 아무리 지적한들 그 효과는 제로다. 그런 지적과 동시에 당사자가 왜곡된 생각을 자각했다 하더라도 왜곡은 마음 깊은 곳에 거머리처럼 찰싹 붙어 있기 때문에 효과가 없다. 그래서 가끔은 트레이닝의 감각이 필요하다. 그렇다고 뭐 특별한 시간을 내서 특별한 훈련을 받는 건 아니다. 일상 생활 속에서 쉽게 갈고 닦을 수 있는 훈련을 찾아보자.

나는 그 방법으로 부담이 되지 않는 범위에서 노트나, 메모지 혹은 컴퓨터 등 뭐든지 좋으니까 자신의 생각을 써 보라고 권하고 있다. 쓰는 일은 머리를 정리하는데 도움이 되고 나중에 기록이 남아 검토하기 쉽다는 이점도 있다.

콘도 씨에게도 문제점을 표로 정리해 볼 것을 권했다. 단지 문제점을 언급하는 선에서 그치는 것이 아니라, 거기에 어떤 생각의 왜곡은 없었는지, 있었다면 어떤 형태의 왜곡인지, 왜곡이 없었다면 어떻게 생각할 수 있는지 등등을 정리해 보도록 했다.

이는 사태의 직접적인 해결법은 아니지만, 이런 정리를 통해 해결법이 떠오르는 경우도 종종 있다. 그리고 꼬리에 꼬리를 무는 고민에서 탈출한 뒤라도, 다시 고민에 빠지지 않기 위해서 고민거리가 생길 때마다 이런 표를 만들어 검토해 보는 것도 좋은 방법이 될 것이다.

▶ 대표적인 왜곡의 유형

〈장애물과 고통의 관계〉

지나친 일반화 어떤 특수한 사실을 항상 모든 사실과 연계해 동일시한다.	· 나는 공무원이다→공무원은 인식이 나쁘다→그러니 나는 나쁘다. · 상사에게 한소리 들었다고 '내 인생은 언제나 실패 뿐이야' 라고 생각해 버린다. · 고객에게 싸늘하게 거절당한 영업사원이 '다음 고객도, 그 다음 고객도 거절할 거야' 라며 일 자체를 싫어하게 된다.
마이너스화사고 부정적인 일만 생각하거나 주목하고, 좋은 일은 인정하지 않는다.	· 주위로부터는 '유능한 공무원'이라고 인정받는 데도 불구하고 '과거에 업무를 훌륭하게 소화해 내지 못했다'고 생각한다. · 모두가 칭찬하지만 사실은 사탕발림 같은 겉치레 인사다. · 동창회에서 예전에 싫어했던 친구에게 싫은 소리를 들을까 봐 참석하지 않는다(사실은 즐거운 모임이 될지도 모른다).
기분과 사실의 혼동 최악의 기분은 최악의 사실을 대변. 진실을 알아보지도 않고 믿어 버린다.	· 이런 끔찍한 기분이 바로 상황이 굉장히 좋지 않다는 걸 대변해 준다. · '남들은 날 정말 싫어한다. 내 느낌이 그렇다면 그건 사실이겠지.' · '이렇게 우울한데, 앞으로도 무슨 희망이 있겠어.'

〈본문에 소개되지 않은 왜곡의 유형〉

자신과 연관짓기 어떤 사건에 대해 그 원인이 자신에게 있다고 생각한다.	· 아들의 입시 실패는 모두 자신에게 책임이 있다고 생각한다(물론 가장 일차적인 원인은 아들 자신). · 천재지변과 같은 사고 소식을 듣고서 '나에게도 저런 일이 닥칠 거야' 라고 생각한다.
100점 아니면 빵점 사고 100% 완벽하지 않으면 제로나 다름없다는 사고방식	· 회의에서 '내 제안을 참석자 전원 모두 열렬히 지지해 주어야만 해' 라고 생각하고, 단 한 명이라도 반대자가 있으면 의기소침해 진다. · 자신에 대한 평가가 '난 모든 이에게 사랑 받는 이상형' 이라는 최상의 평가와 '난 모든 이에게 버림받은 인간 쓰레기' 라는 최악의 평가로 양극을 달린다.
꼬리표 붙이기 스스로에게 꼬리표를 부착해서 그것 때문에 우울해 하거나 불안해 한다.	· 난 교양이 없으니까 뭘 해도 안 돼. · 난 너무 소심해서 잘 안 돼. · 난 자율신경실조증(自律神經失調症, 자율신경의 작용이 여러 가지 원인에 의해 장애를 일으켜 나타내는 각종 증상의 총칭)이야.

꼬리에 꼬리를 무는 고민을 탈출한 콘도 씨

마지막으로 콘도 씨의 꼬리에 꼬리를 무는 고민 중, '쉬고 싶다'와 '쉴 수 없다'는 갈등(32페이지의 그림)이 어떻게 해결되었는지를 살펴보기로 하자.

콘도 씨는 '쉬고 싶지만 쉴 수 없다'는 갈등에 빠져 있었다. 쉴 수 없는 이유를 콘도 씨에게 물었더니 "하루를 쉬면 일이 배로 쌓이니까요"라는 대답이 돌아왔다. 하지만 그 생각의 바탕에는 많은 왜곡이 숨겨져 있었다.

우선 현실적으로 쉴 수 있는지 없는지를 다시 한 번 생각해 볼 필요가 있다. "쉬면 다른 사람에게 폐를 끼친다"고 말하지만 정말 그럴까? 실제로는 부하와 상사도 푹 쉴 것을 권하고 있었다. 쉬지 않는 게 오히려 모두에게 민폐를 끼칠 정도였다.

일이 산더미 같다고는 하지만, 이미 위험한 고비는 넘겼고 업무량은 부서 사람들과 함께 충분히 해결할 수 있는 수준이었다.

이런 사실을 콘도 씨와 친분이 있는 모든 사람들이 이야기해 주어도 콘도 씨는 그 말을 제대로 들으려 하지 않았다. 내가 보기에는 꼬리에 꼬리를 무는 고민의 고리가 너무 빠른 속도로 돌고 있어서 외부에서 이를 정지시키려 해도 핑핑 튕겨 나가버리는 것 같았다.

콘도 씨는 꼬리에 꼬리를 무는 고민 덕분에 시야가 상당히 축소되어 있었는데, 그 밑바탕에는 '나에게는 능력이 없다', '모두에게 폐를 끼쳤다. 그러니 다른 사람에게 맡길 수 없다', '혼자서 분발할 수밖에……'라는 왜곡된 생각이 도사리고 있었다.

치료는 이런 왜곡을 바로잡는 일에 주안점을 두었다. 한편으로 나는 충분한 휴식을 취하면서 항우울제를 복용하라고 권했다. 처음에는 꼬리에 꼬리를 무는 고민 탓에 휴식을 이해하지 못했지만, 약물 치료는 내 처방전을 따라 주었다. 항우울제의 효과는 4주 뒤부터 점차 나타나기 시작했다.

다소 기분이 좋아지자, 왜곡된 생각에 대한 자각도 두드러졌다. 콘도 씨는 말했다.

"내 생각만이 다는 아닌 거죠?"

이는 콘도 씨가 유연함을 되찾았음을 시사해 주는 말이었다. '나에게 능력이 없는 건 아니다. 세상 통념과 나를 혼동하고 있었다', '모두에게 폐를 끼친 정도는 아니었다', '모두들 걱정해 주고 배려해 주고 있다', '다음에는 좀더 도움을 받아야지'라면서 생각이 조금씩 조금씩 유연해져 갔다. 이렇게 해서 콘도 씨는 휴식의 시간이 필요함을 인정했다.

요양을 하면서 상황은 급속히 좋아져 갔다. 2개월 정도가 지나자 예전의 활기를 되찾고 업무에 복귀하게 되었다. 꼬리에 꼬리를 무는 고민은 깔끔히 사라졌다. 마지막으로 내 진찰실을 찾아온 콘도 씨는 그의 고상한 인품에 걸맞게, "왜곡된 생각에 빠지지 않고, 꼬리에 꼬리를 무는 고민에 빠지지 않도록 늘 주의하겠습니다"라며 나에게 환한 미소를 지어 보였다.

갈등형 꼬리에 꼬리를 무는 고민은 서로 모순된 생각을 동시에 해결하고자 함으로써 생각의 고리 속에서 나오지 못하고 점차 나선형으로 기분이 꺼져 가는 고민의 한 형식이다. 그리고 그 배경에는 수많은 왜곡된 생각이 깔려 있다.

  특히 일상생활에서 하나의 문제점을 놓고 또 생각하고 또 생각하며 그 고리를 끊기 힘들다면, 그 문제점의 그늘에 어떤 생각의 오류는 없는지 체크해 보라고 권하고 싶다. 그리고 정확한 상황 파악으로 단계를 진행시켜 나간다. 그것이 바로 구체적인 문제 해결의 첫걸음인 것이다.

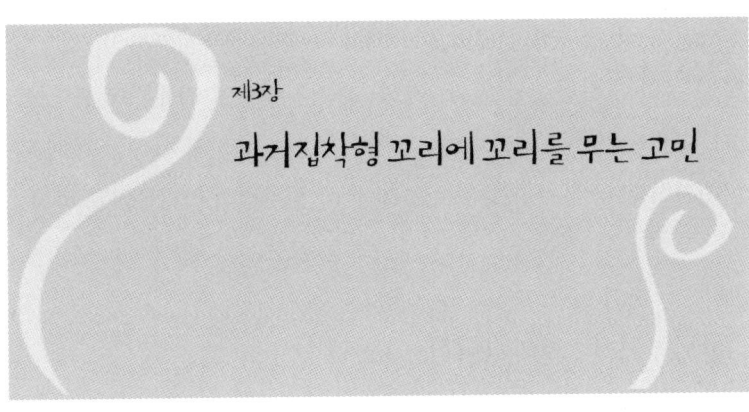

제3장
과거집착형 꼬리에 꼬리를 무는 고민

그리움을 넘은 집착

좋은 일이든 싫은 일이든 지나간 과거는 되돌릴 수 없는 것이다. '그때 좀더 열심히 할 걸……', '그때 그런 일이 없었다면……', '그때 그 사람을 만났더라면……', 누구에게나 돌아가고 싶은 날들은 있기 마련이다.

이렇게 말하는 나 역시 고등학교 시절 남몰래 짝사랑하던 N에게 내 마음을 고백했더라면, 지금쯤 다른 인생을 살고 있을지도 모른다는 생각을 가끔씩 하곤 한다. 하지만 그건 아름답게 간직해야 될 '청춘의 한 페이지'일 수밖에 없다. 지금 같았으면 용기를 내서, 아니 저돌적으로 고백을 했을 텐데……

그런데 이런 과거의 경험을 현재의 문제와 결부시켜서 미래로 향하지 못하는 사람들이 있다. 바로 '과거집착형 꼬리에 꼬리를 무는 고민'에 빠져 있는 이들이다. 여기에서는 한 여성의 사례를 통해 과거집착형 꼬리에 꼬리를 무는 고민에 대해 자세히 살펴보기로 하자.

만성 무기력증에 빠진 여성 - 가고 씨

가고 씨(가명)는 31살의 시시각각 백조를 겸하는 프리랜서이다. 그녀는 1년 전부터 내 진찰실을 방문하고 있다. 가고 씨의 증상은 무기력 그 자체라고 할까?

몸은 항상 축 늘어져 있고 기운이 하나도 없어 보인다. 그 어떤 일에도 의지가 전혀 샘솟지 않는다. 그래서 하루 종일 시체놀이하듯 이리저리 뒹굴며 지내고 있다고 한다.

'살아서 뭐해. 재미있는 일도 하나도 없고. 콱 죽어 버릴까?!' 라는 생각이 들 때도 있지만, 실제 자살을 시도한 적은 없다. 이런 상태가 7~8년이나 계속되었다고 한다. 조금 좋아지나 싶으면 다시 원점으로 돌아가 버려 마음을 놓을 수 없다.

가고 씨는 얼마 전까지 한 의류매장의 임시직 판매사원으로 일했다.

"제가 좀 쇼크를 받아서요" 하며 그 자리도 이내 그만두었다. 매사가 이런 식으로 어느 직장이나(직장이라고는 해도 모두 임시직이었지만) 3개월을 넘기지 못했다.

"이건 제 참모습이 아니에요. 원래는 이렇지 않았어요. 근데 그때……. 마음에 너무나도 깊은 상처를 받아서, 그래서 그 상처가 씻기질 않네요."

가고 씨는 이 말을 입버릇처럼 달고 살았다.

씻기지 않는 마음의 상처

그렇다면 가고 씨가 말하는 마음의 상처란 무엇일까?

시간은 가고 씨의 고등학교 시절로 거슬러 올라간다. 가고 씨는 원래 내성적인 편이었는데, 고등학교에 진학하면서 소심한 성격을 밝고 활달한 성격으로 바꾸려고 나름대로 굳은 결심을 했다.

가고 씨가 진학한 곳은 한 여자고등학교. 새 학교, 새 학년, 새 교실에 감도는 썰렁함 속에서 가고 씨는 과감하게, 아니 좀 많이 무리를 해서라도 또래에게 먼저 다가가려 했다.

우선 옆 짝꿍인 세키노에게 용기를 내서 말을 걸었다.

"내 이름은 가고야. 넌 생일이 언제야? 난 황소자리라서 좀 덜렁대는 편인데, 넌 어때?"

바로 옆자리에 앉은 세키노는 "어?" 하며 무덤덤하게 대답할 뿐이었다. 그래도 가고 씨는 여기서 주저앉으면 안 된다고 생각했다.

"중학교 때 난 무용을 했어. 뭐 무용이라고 해서 우아한 발레 같은 건 아니고 그냥 편하게 운동복을 입고 흔드는 거지. 하하하……."
　가고 씨의 억지 웃음에 세키노는 좀 멋쩍은 표정만 지어 보일 뿐, 여전히 입을 꾹 다물고 있었다.
　'이 애, 엄청 내성적이네. 나보다 더 심하잖아. 이렇게 말 없는 애가 오히려 내가 리드하기에 더 편할지도 몰라' 라고 생각한 가고 씨는 내심 의기양양해졌다.
　"너도 이 썰렁한 분위기에 빨리 익숙해졌음 좋겠어. 하하하!"
　그래도 세키노의 태도는 침묵으로 일관했다. 짝꿍의 침묵이 맘에 걸리긴 했지만, 수업 시작종과 함께 가고 씨의 불편한 마음도 일단은 접어야 했다.
　그런데 그 날 점심시간부터 일이 꼬이기 시작했다. 가고 씨가 식당에서 점심을 먹고 자리로 돌아왔을 때, 가고 씨의 자리에는 이미 5~6명의 아이들이 옹기종기 모여 앉아서 웃음꽃을 피우고 있었다. 그런데 그 웃음꽃 한가운데에 짝꿍 세키노가 있는 게 아닌가!
　가고 씨는 그런 분위기에 익숙하지 않았다. 이미 한바탕 그룹이 형성되어 있는 무리 속을 헤집고 중간에 끼여든다는 것, 그렇게 넉살이 좋은 편은 아니었다. 하지만 가고 씨는 얼굴에 철판을 딱 깔고 부딪쳐 보기로 했다.
　"어, 거기 내 자리인데. 나도 좀 끼면 안 될까? 되게 웃기는 애긴가 보다."
　"야, 가자."
　그렇게 가고 씨를 완전히 무시한 채 자리에서 일어난 건 바로 그

옹기종기 파의 리더로 보이는 한 여학생이었다. 그러자 세키노를 포함한 다른 아이들도 그 리더를 따라 줄줄이 가 버리고, 결국에는 가고 씨만 혼자 덩그러니 남게 되었다.

'어, 왜 나만 따돌려?' 하며 가고 씨는 멍하니 앉아 있었다. 얼마 뒤에 알게 된 사실이지만, 원래 그 옹기종기 파는 같은 중학교 동창들로, 처음부터 잘 알고 지내던 사이였다. 그러니 그 파벌(?)은 자신들의 친목을 강조함으로써, 내 편과 내 편이 아닌 자를 갈라 진한 공감대를 공유하고자 한 것이다. 그런 심리 현상은 새로운 집단이 형성될 때 흔히 접할 수 있는 현상이다(즉, 표면적인 친분이 결집되어, 언뜻 보기에는 절친한 사이로 보이는 현상).

좀더 자세히 얘기하자면, 자기편이 아닌 외부인은 무시하거나 배제시킴으로써 자기 그룹의 결속력을 한층 더 단단하게 다지는 경우가 나타나기도 하지만, 대개 시간이 흘러 집단의 구성원 모두가 서로 섞이고 친해지면서 자연스레 해체되어 간다. 하지만 원래 소심했던 가고 씨는 이 사건으로 1회전에서 완전히 KO패 당했던 것이다.

그 일이 있은 뒤, 가고 씨는 세키노와 쉽사리 대화를 나눌 수 없게 되었다. 아니 세키노가 사사건건 자기를 무시하는 것 같이 느껴졌다. 뭘 물어 봐도 대답이 없고, 쉬는 시간에는 혹시라도 말을 걸까봐 지레 겁을 먹고선 다른 친구에게 도망치듯 가 버렸다.

그렇다면 짝꿍 세키노의 입장은? 세키노도 역시 소심하고 내성적인 성격의 소유자였지만, 그래도 중학교 때 친구들이 같은 반이 되어서, 그나마 쉽게 친구를 사귀고 있었다. 그런데 소심하고 내성적인 성격을 감추려고 일부러 더 과장되게 행동하는 가고 씨를 보면, 마치 세키노 자신의 불쌍한 처지를 보는 것 같아서 싫었다. 아마도 그런 세키노의 마음이 가고 씨를 무시하는 듯한 행동으로 비춰졌으리라.

가고 씨는 짝꿍과의 껄끄러운 관계로 인해 완전히 자신감을 상실하고 말았다. 그러다 보니 다른 친구들과의 관계도 서먹서먹해지고, 점차 반에서 외톨이가 되어 갔다.

입학 첫날 짝꿍에게 '너도 이 썰렁한 분위기에 빨리 익숙해졌음 좋겠어. 하하하!' 라고 의기양양 말했던 가고 씨, 하지만 이젠 입장이 완전히 반대가 되어 버렸다는 생각에 너무너무 창피해서, 그런 말을 내뱉은 자신이 싫어졌다.

절정을 향해 치닫는 꼬리에 꼬리를 무는 고민

2학기가 시작되자, 학교는 가을 축제 준비로 떠들썩했다. 축제 기간에 마련된 반 대항 장기자랑 시간은 각 반에서 선보이는 기발한 특기와 장기로 축제의 열기를 고조시키자는 취지의 이벤트였다. 가고 씨 반에서는 합창과 댄스를 선보이게 되었다. 댄스의 경우, 무대 경험이 있는 당사자가 자진해서 출연 신청을 하든지, 아니면 친구의 추천을 통해 출연 자격이 부여되었다.

새학기 첫날 세키노에게 자랑했듯이, 무용은 가고 씨의 유일한 특기였다. 중학교 때 학교 무용반에서 활동한 적도 있었던 가고 씨는 직접 손을 들고 참가 신청을 할까 생각했지만, 그렇게 자발적으로 신청하는 친구는 한 명도 없었다.

다른 친구의 추천을 받고서 "아이, 나 못해" 빼면서도 "뭐 그렇게까지 만인이 원한다면야……" 식으로 출연자가 정해져 갔다. 그런 분위기 속에서 '나 좀 시켜 줘' 하고 말하기란 차마 입이 떨어지지 않았다.

그러니 누군가의 추천을 기다릴 수밖에 없었는데, 가고 씨가 무용을 했다는 건 짝꿍인 세키노에게만 털어놨던지라 마음을 졸이면서 세키노의 추천을 기다렸다.

하지만 마지막 추천 날짜가 지나도 세키노는 반응이 없었다. 오히려 가고 씨 앞에서 축제 무대에 서게 된 다른 친구들과 댄스 이야기를 크게 떠들 때가 많았다. 가고 씨는 그런 세키노의 태도가 자신을 무시하고 비웃고 있는 것이라고 생각했다.

'그렇게 내가 싫단 말이야! 분명 친한 친구는 못 되더라도 짝꿍이라면 날 추천해 줄 수도 있는 거 아냐? 내가 무대에 서고 싶어하는 걸 알고 있는 게 틀림없어. 그런데도 추천은커녕 날 놀린단 말이지. 정말 너무 한 거 아냐?!'

각반 장기자랑을 겸한 축제는 학교의 큰 행사였다. 특히 댄스는 관심도가 제일 높아서 한동안 학생들의 화젯거리에 오를 정도였다. 무대에 서는 친구들은 마치 스타와 같은 대접을 받곤 했다.

그리고 드디어 축제 날, 무대에 오른 친구들을 보며, 가고 씨는 얼굴을 붉히고 말았다.
'뭐야, 저것도 춤이라고?! 내가 저 자리에 섰으면 좀더 귀엽게 췄을 텐데……, 다른 친구들의 시선을 한 몸에 받았을 텐데…….'
그런 생각이 가고 씨의 마음속을 헤집고 다녔던 것이다. 이렇게 뒤죽박죽으로 일렁대는 마음과 함께 세키노에 대한 분노와 원망은 머리 꼭대기까지 치솟아 가라앉을 기미가 보이지 않았다.
그 분노의 폭풍우는 가고 씨에게서 학교에 갈 기력마저 앗아가고 말았다.

등교거부가 시작되다

그렇게 가고 씨의 등교거부는 시작되었다.
"기분이 좀 그래요", "머리가 아파요" 하며 학교에 빠지는 날이 늘어나자 가고 씨의 부모님은, 처음에는 가고 씨를 굉장히 걱정하며 학교에 억지로라도 보내려고 했다. 하지만 "학교 가기 싫다고 그럴 때 너무 심하게 윽박지르면 오히려 좋지 않다고 하더구나"라는 가고 씨 할머니의 말씀을 계기로 등교 거부는 가정 내에서 묵인되기 시작했다.
가고 씨는 외동딸이었다. 게다가 부모님들이 맞벌이를 하고 있어서 할아버지, 할머니가 무척이나 가고 씨를 감싸면서 키웠다. 등교 거부 건도 할아버지 할머니의 '이해한다'는 배려가 가고 씨에게 든든한 버팀목이 된 건 사실이지만, 한편으로는 가고 씨의 마음 속에 '할아버지와 할머니의 그늘 속에서만 난 살 수 있어' 라는 나약한 생각을 뿌리내리게 했다.

그렇다면 학교에서는? 반에서 완전히 따돌림 신세가 된 가고 씨를 보고 세키노도 마음이 아팠는지, 같이 놀자고 말을 걸어오기도 하고 수학여행 때도 곁에 있어 주려고 했다. 하지만 그런 세키노의 태도를 보고 가고 씨는 더 심한 모욕감을 맛보았다.

'내 처지가 그런 값싼 동정을 받을 만큼 비참하단 말이야?'

가끔 친구들의 권유로 같이 자리를 가질 때도 있었지만, 그럴 땐 오히려 가고 씨 자신의 어색한 자리가 도드라지게 드러났다. 그렇게 겉도는 자신을 발견할 때, 친구들은 그런 가고 씨의 마음도 몰라주고 이런 위로의 말을 던지곤 했다.

"가고야, 너도 놀 때는 막 푼수가 되어 보는 거야!"

그런 친구들의 얘기는 가고 씨에게는 강한 비웃음으로밖에 들리지 않았다.

게다가 다른 친구들은 모두 서로에게 나름대로의 별명을 지어 부르고 있었는데, 유독 가고 씨에게만은 '가고' 라며 정식 이름을 불렀다. 이 또한 가고 씨에게는 모욕처럼 느껴졌으며, 이런 일들을 겪으면서 가고 씨는 '마음속 깊이 상처를 입었다' 고 느낀 것이다.

이렇게 겨우겨우 출석 일수를 채워 고등학교를 졸업하게 된 가고 씨는 그 이후 전문대학에 진학했지만, 그곳에서도 강의에 참석하는 날은 손에 꼽을 정도로 불성실한 학교 생활 속에 2년이라는 시간을 흘려 보냈다. 가고 씨의 표현을 그대로 빌리자면, "도저히 다시 어떻게 해볼 수 없을 정도로 고등학교 때 마음의 상처를 입었어요."
그래서 공부도 서클 활동도 친구도 사귈 수 없었다고 한다.

회계 사무소의 비극

대학을 마친 뒤, 할아버지의 후원으로 가고 씨는 조그마한 회계 사무소에 취직하게 되었다. 첫 직장을 갖게 된 가고 씨는 꽤 밝게 생활했던 것 같다. 적어도 비극이 있기 전까지는…….

가고 씨가 들어간 회계 사무소에는 거의 3~40대 '아저씨'들만 있어서, 간만에 새로 들어온 젊은 신입사원은 그야말로 사무실의 꽃으로 대접받았다. 심지어 사무실 소장은 가고 씨를 마치 젊은 세대의 대표로 여기고 말끝마다 "좋은데, 역시 젊은 사람은 패기가 있어" 하며 칭찬해 주었다.

원래 가고 씨는 처음에는 어느 정도 노력하는 모습을 보여주는 타입이다. 그리고 주위 사람들의 칭찬을 받고 기분 나쁜 사람은 없을 터, 가고 씨 스스로도 '기대를 저버리지 말아야지' 하며 마음을 다잡았다.

그런데 문제는 그런 마음이 지속되지 못한다는 것이었다. 가고 씨는 대학에서 회계학을 전공했기 때문에 사무실에서는 그런 그녀의 실력 발휘를 어느 정도 기대하고 있었다. 하지만 가고 씨는 학교 생활에 충실하지 못했기 때문에 회계학 지식은 거의 전무한 상태였다. 즉, 처음부터 배우지 않으면 할 수 없는 일들이 대부분이었다.

차라리 처음부터 솔직히 모르는 것을 인정하고, 배우려는 자세를 보여줬으면 그나마 좋았을 텐데, 가고 씨에게는 묘한 프라이드가 있어서 바로 아는 체를 했던 것이다.

그러니 가르쳐 주는 쪽도 가고 씨에게 어느 정도 지식이 있다는 선부른 판단과 함께, '그래, 그럼 기초는 건너뛰고' 식이 되어 버리니까 진도가 나갈 리 없었다.

처음 얼마 동안은 "학교에서 배우는 거 하고 실제 현장은 또 다르니까……"라며 이해해 주던 사무실의 다른 직원들도 점차 가고 씨의 형편없는 실력에 불평 불만을 토로했다. 일이 이쯤 되자, "아니 학교에서 도대체 뭘 배웠어?"라는 폭언(?)까지 듣게 되었다.

폭언이라고는 하나 사실 사무실 선배 입장에서는 가고 씨를 격려해 주려는 마음에 그런 말을 했는지도 모르는데, 가고 씨는 그 소리를 '너, 학교도 제대로 다니지 않았지?' 라는 인신공격으로 해석했다.

그렇게 해서 가고 씨는 회계 사무소를 그만두게 되었다. 스스로도 '이래선 안 돼. 학교 때 전공 서적을 모조리 뒤져서 열심히 공부하면 잘할 수 있을 거야' 라고 생각했지만 마음만 앞서고, 전혀 의욕이 생기지 않았다.

'난 안 돼', '안 될 수밖에 없어', '고등학교 때 그렇게 상처를 입었으니 안 될 수밖에 없잖아', '그러니 다시 일어설 수 없겠지' 라는 생각이 불쑥불쑥 끼어 들었다. 그리고 그럴 때마다 고등학교 때 친구들,

특히 짝꿍이었던 세키노에 대한 원망과 분노가 제일 먼저 앞섰다.
'세키노가 나에게 상처를 주지 않았더라면'
'세키노, 맞아 다 그 애 때문이야!'
6개월만에 회계 사무소를 그만둔 가고 씨는 아르바이트로 생활을 이어나갔지만 어느 일이나 3개월을 넘기지 못했다.
어떤 일자리나 동료나 고객과의 사소한 말다툼으로, 혹은 업무상 실수로 '마음을 상처를 입고' 그만둬 버렸다. 더구나 한 가지 일자리를 그만둘 때마다 6개월은 꼼짝없이 집에 틀어 박혀 지내다 보니 거의 사회와 차단된 생활이 이어졌다.
요즘 흔히들 말하는 자발적 청년실업자들이 있다. 학교를 멀쩡하게 졸업하고도 정규직에 취직할 생각은 하지 않고 그때 그때마다 임시직을 전전긍긍하며 생활하는 젊은이들이다. 그들 스스로 그런 라이프 스타일을 선택했기에, 기성 세대가 그들의 가치관을 놓고 옳다, 그르다는 논쟁은 할 수 있을지 몰라도, 그들 나름대로 주체성을 갖고 있다고 말할 수 있을 것이다.
하지만 가고 씨의 경우는 그들과는 사뭇 다르다. 가고 씨는 '지금 내 생활이 좋아' 라고 생각하지 않는다.
뭐든지 하고 싶고, 번듯한 회사에 취직하고 싶고, 학교 공부나 전문 기술을 익히고 싶으며, 좋은 남자도 만나고 싶고, 뭐든지 시도해야 된다고 자각하고 있다.
하지만 '의욕이 없어서', '힘이 없어서', '아직 알에서 깨어 나오지 못해서' 라는 이런저런 생각에 지금의 생활을 지속하고 있는 것이다.

'이래선 안 된다'는 생각이 들수록 비참한 기분은 더해지고, 그렇게 해서 가고 씨는 나의 진찰실을 찾게 되었다.

가고 씨의 꼬리에 꼬리를 무는 고민

나는 가고 씨와 이야기를 나누며, 그 증상의 중심에 자리잡고 있는 것은 과거집착형 꼬리에 꼬리를 무는 고민이라는 사실을 알게 되었다. 이것은 75페이지의 그림과 같은 고민의 고리이다.

그림을 보면 알 수 있듯이 위에서 돌고 있는 것은 현재의 문제이지만, 거기에 있는 모든 문제가 아래의 과거의 깊은 마음의 상처 때문이라는 생각과 연결되어 있다. 모든 악의 근원은 과거의 쓰라린 경험 탓이라는 것이다.

과거라는 것은 원래 현재로 되돌릴 수 없고, 지우고 다시 쓸 수도 없기 때문에, 현재에 처한 문제도 해결 불가능하며 뱅글뱅글 같은 패턴의 생각만 되풀이하게 된다. 따라서 결과적으로 현실 사회에 적응할 수 없게 되는 것이다.

이런 과거집착형의 경우, 대개 과거의 일은 내 잘못이 아니라, 과거 누군가의 잘못이다. '나는 피해자'라는 생각이 있어서 누군가를 원망하는 증상이 함께 수반되는 경우가 많다.

물론 정말로 과거에 끔찍한 경험을 당한 사람도 많다. 하지만 과거의 지울 수 없는 상처를 받은 모든 이들이 과거집착형 꼬리에 꼬리를 무는 고민에 빠지는 건 아니다. 악몽 같은 과거를 경험했어도, 많은 사람들은 그 과거로 인해 현재를 망치는 건 어리석다고 스스로에게 타이른다. 과거에 집착하지 않고 지금 이 순간에 적응하는 것이 건강한 자아의 기본 특징 가운데 하나이다.

이런 내 얘기를 듣고서 '도저히 용서할 수 없는 파렴치한에게 당한 사람이라면, 그 억울함과 고통을 잊을 수 없을 것이다'라며 흥분하는 사람도 있을 것이다. 물론 그 말도 맞는 말이다.

시야를 좀더 넓게 세계로 돌려서 민족 분쟁을 떠올려 보자. 예전에 학살당했거나, 전쟁터에서 원수로 싸움을 벌였던 적을, 오랜 세월이 흐른 오늘날까지도 용서하지 못하고 서로 으르렁거리며 전쟁을 계속하는 경우가 허다하다.

그러나 과거집착형 꼬리에 꼬리를 무는 고민은 그것과는 차원이 전혀 다른 문제이다. 여기에서 말하는 과거 문제란 객관적인 시각으로 봤을 때, 생명에 위협을 주는 치사적인 스트레스가 아니며, 현재까지도 계속해서 그 폐해가 이어지는 만성적인 문제도 아니라는 사실이 그 전제로 깔려 있다. 게다가 현재 직면한 문제에 대한 책임을 자기 스스로가 지는 것이 아니라, 과거의 누군가에게로 책임을 떠넘겨서 스스로 문제 해결을 위한 노력을 포기한 상태가 바로 이 두 번째 꼬리에 꼬리를 무는 고민의 본질이다.

이 과거집착형 꼬리에 꼬리를 무는 고민에 대해 또 한 가지 이야기해 두고 싶은 것이 있다. 이런 꼬리에 꼬리를 무는 고민에 빠진 사람은 책임을 회피한다는 점에서, '철면피' 또는 '무책임한 사람'이라

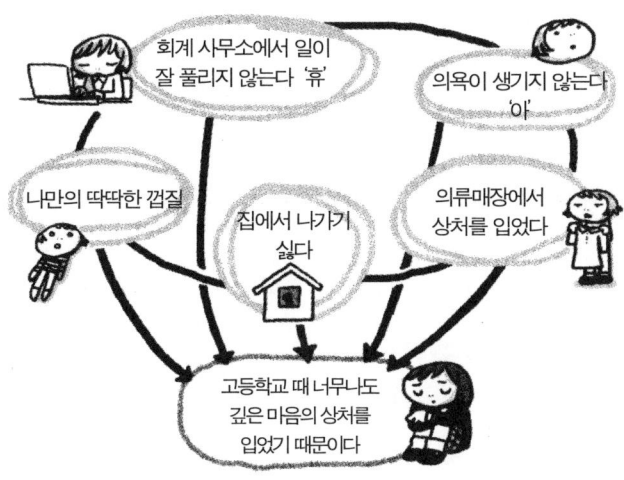

〈가고 씨의 과거집착형 꼬리에 꼬리를 무는 고민〉

고 생각되어질 수도 있으나 절대 그렇지 않다. 어디까지나 왜곡된 생각에서 그런 고리에 빠진 것에 불과하며 치료를 통해 그 고리를 분명 끊을 수 있기 때문이다.

귀속이론

이 과거집착형 꼬리에 꼬리를 무는 고민은 제2장에서 거론한 갈등형 꼬리에 꼬리를 무는 고민와는 좀 다른 양상을 보이고 있다. '과거'라는 시간축이 개입되어 있는 것도 그 특징 가운데 하나이지만, '내가 정말 뱅뱅 돌고 있는 거 맞아? 난 전혀 모르겠는데'라며 꼬리에 꼬리를 무는 고민을 당사자가 자각하지 못한다는 점도 중요한 특징으로 꼽을 수 있다.

즉, 당사자는 그림처럼 꼬리에 꼬리를 무는 구조를 전혀 의식하지 않은 채, 계속해서 해결 불가능한 문제가 생겨서 스스로 감당할 수 없다고 생각하는 것이다. 이처럼 문제점을 자각하지 못하는 경우는 우선 '문제의 구조를 깨닫게 한다'는 것이 문제 해결의 첫걸음이다.

그러기 위해서는 과거집착형 꼬리에 꼬리를 무는 고민의 구조를 명확히 이해시킬 필요가 있다. 꼬리에 꼬리를 무는 고민의 구조를 이해하기 위해서는 심리학에서 연구하고 있는 '귀속이론(歸屬理論)'이 도움이 되기도 한다. 이는 다소 딱딱한 이론 이야기가 될지도 모르나, 이 과거집착형 꼬리에 꼬리를 무는 고민을 탈출하는데 도움이 되는 이론이라서 잠시 설명을 덧붙일까 한다.

여기서 말하는 '귀속'은 '원인을 어디에 두느냐?'라는 의미이다. 귀속이론에 따르면 인간은 어떤 일을 당했을 때, 그 일의 원인을 어디에서 찾느냐와 관련해 몇 가지 유형이 있다고 한다. 물론 원인은 일이나 사건에 따라 달라지는 것이 아니냐고 생각할 수도 있지만, 그 사람의 개성에 따라 그 원인을 찾는 유형이 결정된다는 것이다. 또 그 유형에 따라 생기는 감정(우울감의 정도)도 결정된다는 것이 귀속이론의 기본이다. 좀더 구체적으로 이야기하자면, 인간은 각자 개성에 따라 어떤 사건의 원인을 다음의 3가지 축으로 생각한다.

① 내벌적(內罰的, 자기 탓으로 여긴다) 혹은 외벌적(外罰的, 타인이나 환경 탓으로 돌린다)
② 일시적(우연히 지금 이렇게 되었다) 혹은 영구적(항상 이렇다)
③ 부분적(이 일만, 이렇게 되었다) 혹은 전체적(모든 일이 다 이렇다)

예를 들어 설명하면 좀더 이해하기 쉬울 테니까, 당신의 체험을 바탕으로 다음 2가지의 사례를 생각해 보자.

〈예1〉 피아노 콩쿠르에서의 낙선
당신은 어릴 적부터 피아노 레슨을 받으며 열심히 연습해 왔다. 오늘 당신은 한 피아노 콩쿠르에 참가하게 되었다. 만약 여기에서 입선한다면 일류 예술대학에 입학이 보장되는 아주 중요한 무대다.
2개월 전부터 열심히 준비를 해서 오늘을 맞이했지만, 어제 밤부터 머리가 뜨끈뜨끈, 아무래도 몸살감기에 걸린 것 같았다. 그리고 '컨디션이 점점 떨어지고 있네요!' 라는 조간 신문의 '오늘의 운세'는 당신의 어깨를 더욱 처지게만 했다.
결국 당신은 실력 발휘를 제대로 하지 못하고, 결과는 순위에 들지 못했다. 당신은 실패의 원인이 무엇이라고 생각하는가?

1. 요즘 슬럼프에 빠져 있었지(평상시에는 잘했는데).
2. 편파적인 심사위원을 만났어.
3. 감기에 걸려 모든 일이 엉망진창, 뒤죽박죽이었어.

4. 운이 끝내 주게 나쁜 날이었어.

5. 난 피아노에 소질이 없나 봐.

6. 예술을 놓고 점수를 매기는 건 역시 무리야.

7. 난 뭘 해도 늘 되는 게 하나도 없어.

8. 나 같은 인간은 늘 손해만 봐.

〈예2〉 소중한 물건을 잃어버렸다

고등학교 때 항상 보살펴 주시고 걱정해 주시던 담임선생님이 있었다. 그 선생님은 '호랑이 선생님'으로 학교에서 소문이 자자할 만큼 엄격하셨다. 그래서 항상 그 선생님만 피해 다니며 말썽을 피웠는데, 오히려 그것이 계기가 되어 선생님과 마음을 터놓는 각별한 사이가 되었다. 그리고 졸업할 즈음에는 진정한 은사님으로 마음에 모시게 되었다. 선생님께서는 졸업 기념으로 아끼던 만년필을 선물해 주셨다. 졸업식이 끝나고 친구들과 함께 미성년자 출입금지 간판이 붙은 술집에 들어가서 곤드레만드레 술에 취했다. 정신을 잃을 정도로 많이 취했는데, 다음 날 일어나 보니 만년필이 없어졌다.

자, 당신이라면 만년필을 잃어 버린 이유를 어디에서 찾을 것인가?

9. 술이 너무 과했다. 반성.

10. 친구 녀석이 꼬시지만 않았어도 이런 일은 없었을 텐데.

11. 거의 인사불성이었으니까 뭐 어쩔 수 없지.

12. 운이 없었지 뭐.

13. 칠칠맞게 물건을 잃어버리는 게 내 단점이야.

14. 고등학생에게 술을 팔다니, 술집 주인이 나빴어.

15. 난 뭘 해도 늘 실수투성이야.

16. 나쁜 친구 때문에 난 늘 손해만 봐.

각각의 대답을 귀속이론에 따라 분류해 본다면, 다음의 표와 같다.

▶ 귀속이론으로 토대로 원인을 생각하는 방법(귀속표)

1~8 사건: 피아노 콩쿠르에서 낙선했다! 원인은?

9~16 사건: 소중한 만년필을 잃어버렸다. 원인은?

	부분적		전체적	
	내벌	외벌	내벌	외벌
일시적	1. 요즘 슬럼프에 빠져 있지. 9. 술이 너무 과했다. 반성.	2. 편파적인 심사위원을 만났어. 10. 친구 녀석이 꼬시지만 않았어도 이런 일은 없었을 텐데.	3. 감기에 걸려 모든 일이 엉망진창, 뒤죽박죽이었어. 11. 거의 인사불성이었으니까 뭐 어쩔 수 없지.	4. 운이 끝내 주게 나쁜 날이었어. 12. 운이 없었지 뭐.
영구적	5. 난 피아노에 소질이 없나 봐. 13. 칠칠맞게 물건을 잃어버리는 게 내 단점이야.	6. 예술을 놓고 점수를 매기는 건 역시 무리야. 14. 고등학생에게 술을 팔다니, 술집 주인이 나빴어.	7. 난 뭘 해도 늘 되는 게 하나도 없어. 15. 난 뭘 해도 늘 실수투성이야.	8. 나 같은 인간은 늘 손해만 봐. 16. 나쁜 친구 때문에 난 늘 손해만 봐.

화살을 자기자신에게 돌리는 내벌적인 사람은 '내가 부족했으니까 떨어졌다' 또는 '내가 잘못해서 소중한 물건을 잃어버렸다'고 생각한다. 반면에 화살을 밖으로 돌리는 외벌적인 사람은 '떨어진 것은(잃어버린 것은) 내가 아닌 다른 데에 원인이 있다'고 생각한다.

내벌적으로 생각하는 사람은 실망감에 젖어 우울증에 걸릴 확률이 높다. 반면에 외벌적으로 생각하는 사람은 자신에게는 책임이 없다고 생각하기 때문에 비탄에 젖을 만큼 침울해 하지는 않는다. 그 대신 스스로 원인이라고 생각하는 것을 원망하거나 비판할 확률이 높다.

또한 일시적으로 생각하는 사람은 '항상 이렇지는 않아. 어쩌다 이번 일만 이렇게 되었지'라고 생각한다. 따라서 심한 우울감에는 빠지지 않을 확률이 높다. 그리고 만약 대상이 피아노라면, 바로 다른 방법으로 새로운 도전을 시작할 지도 모른다. 반면에 영구적으로 생각하는 사람은 '난 늘 이래'라고 생각하기 때문에 우울감의 정도가 깊어진다.

부분적으로 생각하는 사람은 '난 피아노에 소질이 없나봐!'라든지 '친구 녀석이 꼬시지만 않았어도 이런 일은 없었을 텐데'라고 생각하지만, 그래도 어딘가 '다른 부분(스포츠라든지, 타인에 대한 배려가 깊다든지)은 쓸 만하지'라는 생각을 함께 하기 때문에, 심한 우울감에 젖지는 않는다(물론, 〈예 1〉에서 말하자면 피아노를 버릴 지도 모르는 일이지만). 전체적으로 생각하는 사람은 '피아노만 그런 게 아냐. 스포츠도 영어도 뭐든지 난 잘하는 게 하나도 없어'라고 생각한다. 이런 전체적인 생각에 빠지면 우울한 기분은 당연한 일!

이들 3가지 축을 조합해서 앞의 귀속표에 따른 8가지 사고방식의 유형이 마련된 것이다. 이 경우, 내벌적·영구적·전체적으로 생각하는 사람이 '난 항상 뭘 해도 안 돼'라고 생각하기 때문에 가장 우울감에 빠지기 쉽다. 이는 우울증 환자에게서 흔히 보여지는 유형이라고도 일컬어진다.

반면에 외벌적·영구적·전체적으로 생각하는 사람은 '왜 나같이 훌륭하고 다채로운 재능을 가진 사람이 제대로 인정을 받지 못하는 걸까?!'라는 생각에 빠진다. 이 경우 그래도 내벌적인 경우보다는 훨씬 기분이 가벼울 것이라고 생각하기 쉽다. 하지만 실제로는 그렇지 않다. 이런 유형의 사람은 언제나 만족을 모르고 주위에 대한 불만을 가지면서 불쾌한 감정에 휩싸여 살아가기 쉬운 유형이다.

이것은 어디까지나 구분하기 좋게 선을 그은 것에 불과하다. 항상 같은 유형의 생각만 하는 사람은 드물다. 또 장면 장면에 따라, 사건·사고에 따라 다양한 사고방식을 취하게 될 것이다. 하지만 인간의 사고방식에는 어떤 경향이 있으며, 이들 유형 가운데 막연하게나마 분류할 수 있다는 것도 부정할 수 없는 사실이다. 물론 그것은 그 사람의 '성격'이라는 것과 연결되어 있다.

가고 씨의 꼬리에 꼬리를 무는 고민은 이 유형에서 말한다면 어디에 해당될까? 이는 명확하게 우울증과는 대조를 이루는 '외벌적·영구적·전체적으로 생각한다'는 유형이다. 다만 그 원인이 '과거의 체험'에만 집중되어 있다는 것이 특징이라면 특징일 수 있겠다.

귀속이론를 응용한 꼬리에 꼬리를 무는 고민의 해결

지금까지 이야기한대로 귀속이론은 어떤 좋지 않은 일이 생겼을 때, 그 원인을 어떻게 바라보느냐의 경향을 정리한 것이다. 그중에는 그런 경향을 효과적으로 활용해 나쁜 일을 슬기롭게 대처해 나가는 사람이 있는 반면에, 반대로 한 가지 유형으로만 생각이 굳어져 사회 부적응의 원인이 되는 사람도 있다. 이런 유형은 치유할 필요가 있다. 과거집착형 꼬리에 꼬리를 무는 고민을 치유하는 포인트도 특정 유형에서의 탈피와 마찬가지이다. 이는 항상 환자와의 공동 작업을 통해 이루어진다.

가고 씨의 경우도 귀속이론에 바탕을 둔 치료를 했다. 특정 유형에서 탈출하는 방법은 크게 3가지 단계로 나누어진다. 그 구체적인 방법을 가고 씨의 치유 프로젝트를 통해 살펴보기로 하자.

가고 씨는 이렇게 허송세월을 하면서 인생을 보내서는 안 된다는 생각이 강해서 때론 용기를 내서 일자리를 구하고 그럭저럭 취직도 한다. 그렇지만 직장 사람들이나 고객과의 인간관계, 업무 미숙 등에서 오는 소소한 실패로 이내 무너져 버리고, 다시 갇힌 세계로 돌아와 버린다. 그 좌절감에서 또 자신감을 잃고 얼마동안은 일어날 수 없다는 사이클을 반복하고 있다.

그럴 때 '난 정말 겁쟁이이야. 별 일 아닌 것에도 쇼크를 받고……' 하며 가고 씨 스스로도 느끼는 바가 있기 때문에, '난 잘못한 게 하나도 없어. 다른 사람들이 나쁜 거야'라고 화살을 외부로만 돌리지 않는다. 즉, '나쁜 건 주변 환경이 아니라 바로 나야'라고 생각하기 때문에 언뜻 '외벌'이 아닌, '내벌'이라고 여겨질지도 모른다.

하지만 가고 씨의 경우 좀더 객관적인 시각에서 바라본다면, 좌절할 때마다 반드시 '고등학교 때 난 치유할 수 없는 상처를 받았어. 이렇게 소심한 겁쟁이가 된 것도 다 그때 그 일 때문이야'라며 모든 책임을 과거의 경험과 결부시킨다는 점에서 전형적인 외벌 반응이다. 즉, 모든 일의 원인을 과거로 돌리는 것이다. 좀더 꼬집어서 말하자면 '다 모든 게 과거의 상처 때문이야. 난 잘못한 게 하나도 없어. 내 책임이 아니야'라며 자신의 결백을 무의식적으로 주장하고 있는 것이다.

여기에서 '무의식적으로'라는 표현을 썼는데, 바로 이 점에 주목해야 한다. 가고 씨는 자신의 '귀속 유형'을 자각하지 못하고 있는 것이다. 깨닫지 못하기에 그것을 바꾸려고 하지 않는 것이다.

하지만 마음 속 깊은 곳에서는 그 점을 너무나도 잘 알고 있으며 바로 그 부분을 타인으로부터 지적 당하는 걸 굉장히 두려워하고 있다. '알지 못하는 것'이 아니라, '알고 싶지 않은 것'이 정확한 표현일 것이다. 그래서 이 부분이 노출 당한다면 가장 예민한 상처를 터트리는, 그래서 돌발적인 행동을 일으킬 가능성이 높다.

그런 맥락에서 "가고 씨, 제발 과거에 집착하지 마세요", "과거를 이젠 잊으세요!"라는 지적은 의미 없는 설교가 되어, 오히려 역효과만 초래하기 십상이다.

실제, 가고 씨 부모님들은 그런 '입바른' 소리를 가고 씨에게 이야기했지만, 그때마다 가고 씨는 집안에서 폭력을 휘두를 정도로 거칠게 반응했다고 한다.

"엄마, 아빠가 내 맘을 알기나 해. 내 고통을 알기나 하냔 말이야!"

부모 입장에서 보면, "절대 틀린 말이 아닌데, 왜 부모 말이 통하지 않을까? 그래 우리도 모르겠다. 네 맘대로 해라" 하며 손을 놓게 되는 것이다. 그런 부모와의 삐걱거림도 가고 씨의 문제를 심화시키고 있었다.

그렇다면 어떻게 해야지 '입바른' 소리가 먹혀 들어갈까? 일반적으로 마음의 상처는 아무리 이치에 맞게 옳고 그름을 이야기해도, 상처 회복에는 별다른 도움을 주지 못한다.

궁극적으로는 생각의 오류를 정확하게 꼬집어 줘야겠지만, 그러기 위해서는 오랜 인내가 필요하다. 포인트는 '입바른' 소리를 외부에서 주입시키는 것이 아니라 스스로 깨닫게 해야 한다는 것이다.

따라서 나는 우선 가고 씨의 고민과 철저히 친구가 되기로 했다. 과거와 현재의 고통, 고민거리, 미래의 불안을 털어놓는 가고 씨의 이야기에 귀를 기울였다. 공감이 가는 부분도 많았다. 가고 씨도 나를 점점 편안한 친구로 받아들여 주는 것 같았다.

그럴 즈음 나는 귀속이론에 대한 이야기와 인간의 사고에는 몇 가지 유형이 있어서 그 유형이 감정이나 의욕에 크게 관여한다는 이야기를 들려 주었다. 그리고 가고 씨의 사고방식 유형은 어디에 속하는지 마음속을 들여다보자고 제안했다.

아울러 어떤 사고방식이 옳은지, 어떤 생각을 가져야 하는지에 대한 옳고 그름은 철저히 배제시킨 채, 다양한 사고방식이 존재한다는 점, 절대적으로 옳은 생각은 있을 수 없다는 점도 확실하게 새겨 두었다.

유연한 사고법 훈련

다행히 가고 씨는 귀속이론에 흥미를 보였다. 그래서 가고 씨가 최근 경험한 사건을 어떻게 생각하는지 귀속표를 이용해 검토해 보기로 했다.

얼마 전까지 가고 씨는 한 의류매장에 근무하고 있었다. 어느 날 한 손님에게 "아니 이렇게 뭘 몰라서 옷을 어떻게 팔아요?" 하며 싫은 소리를 듣고 부아가 치밀어 올랐는데, 거기다 점장이라는 사람한테 기나긴 설교까지 듣게 되자 '아이 더러워서 못해 먹겠다. 때려치워야지' 하며 아르바이트 자리를 그만두게 된 것이다.

그 일에 대해 가고 씨는 이렇게 말했다.

"내가 소심하니까요. 어딜 가나 이래요."

나는 이 '소심하다'는 단어가 뭔가 힌트가 될 것 같아서, 가고 씨에게 되물었다.

"'소심하다'는 건 어떤 거죠? 좀 자세히 듣고 싶어요."

"전, 근무한지도 얼마 되지 않았고, 또 임시직이잖아요. 그런데 그렇게 잘 모르는 걸 뻔히 알면서 까다로운 손님을 맡겼잖아요. 그리고 손님 때문에 울고 있는데 위로는 못해 주고, 잘못했다고 야단만치는 점장한테 '찍' 소리도 못하는 건 다 내가 소심하고 약해서 그런 거 아니겠어요?"

이는 '나쁜 건 주위 사람이지만, 그 사람들한테 당하는 건 내가 소심해서……' 라는 뜻이다.

"그럼, 왜 그렇게 소심하다고 생각해요?" 라는 내 거듭되는 질문에, 예상대로 이런 대답이 돌아왔다.

"고등학교 때의 그 쓰라린 상처 때문에…… 그 일만 없었다면, 그때 그런 일 당하지 않았다면 이렇게 되진 않았을 텐데……."

즉, '과거의 경험이 남긴 상처로 이렇게 소심한 내가 되어 버렸다'는 외벌적 귀속이다.

그렇다고 여기에서 날카롭게 목소리를 높이며, '당신의 그 외벌 반응을 고쳐야만 해요' 라고 말한다면 어떻게 될까? 그런 설교는 '과거에 집착하지 마세요' 라는 말과 동의어가 되고 만다.

그래서 난 가고 씨에게 귀속이론을 바탕으로 이 사건의 원인을 요리조리 360도로 한번 생각해 보자고 제안했다. 즉 하나의 유형에 집착되지 않는 유연한 사고법을 훈련하고자 한 것이다.

나 그 옷가게를 그만 둔 원인을 여러 가지로 한번 생각해 보도록 하죠. 가고 씨가 정말 그렇게 생각하는지 어떤지는 별개로 하고요. 여러 각도에서 생각해 보기로 해요. 우선 부분적으로 생각한다면 어떻게 될까요?

가고 씨   다른 일은 몰라도, 그 옷가게 이야기라면 내가 잘못한 거죠.

나   그럼 일시적으로 생각한다면?

가고 씨   그 날은 일이 꼬일려고 그랬는지 일이 손에 잡히질 않았어요. 늘 그런 건 아니지만, 유독 그 날은 컨디션이 제로였어요.

나   그럼 내벌적으로 생각한다면?

가고 씨   내 잘못, 내 탓이겠지요.

나   외벌적이란?

가고 씨   남의 탓, 점장 때문이겠죠?!

나   그렇다면 전체적으로 생각한다는 건?

가고 씨   그 옷가게뿐만 아니라, 뭐든지 실패한다는 거겠죠.

나   그것을 내벌적으로 생각한다면?

가고 씨   난 뭘 해도 안 돼. 이건 정말 내가 생각하고 있는 사고방식인

걸요.

나　　그렇다면 그걸 외벌적으로 생각한다면?

가고 씨　　내 탓이 아닌, 남 때문에 죄다 일이 안 풀리는 거라고 생각하는 거죠. 아, 맞다! 고등학교 때 그 상처 때문에…… 그래서…….

나　　그건 가고 씨가 항상 나에게 들려주던, 그 말이군요.

가고 씨　　아뇨, 하지만 내가 잘못해서, 내 탓이라고 생각해요. 단지 그렇게 잘못하게 된 이유가 상처를 받아서…….

나　　네, 맞아요. 귀속표는 어떤 사고가 올바르고, 꼭 그 사고를 해야 된다는 게 아니에요. 이런 저런 생각을 해 본다는 게 중요한 거죠. 그럼 오늘은 이렇게 귀속표를 완성하는 데까지만 해 보도록 하죠.

　물론 대화가 이렇게 술술 매끄럽게 풀리는 건 아니다. 이런 대화를 나누기까지 1시간이 넘는 시간이 걸렸지만, 아무튼 가고 씨의 귀속표가 완성되었다.
　그리고 대화가 끝나 갈 즈음, 가고 씨 스스로도 자신의 사고가 외벌적 · 영구적 · 전체적이라는 사실을 희미하게나마 눈치챌 수 있었던 것 같다.

그리고 이런 표를 과거에 다녔던 직장에 대해서도 만들게 해서 "가고 씨는 정말 어떻게 생각하셨어요?"라고 물어 보는 작업을 되풀이 했다. 드디어 가고 씨 스스로도 자신의 생각 유형이 '외벌적·영구적·전체적' 귀속임을 명확히 인식하게 되었다.

그 동안 난 한 번도 '가고 씨의 생각은 과거에 집착해 있어요'라는 말을 하지 않았다. 하지만 스스로 깨닫게 된 것이다(가고 씨의 실제 생각이 언제나 표와 같이 외벌적·영구적·전체적 입장이었기 때문에 그것도 당연하다).

일단 그런 사실을 자각하게 되자, 바로 그런 사고가 부적응을 초래한다는 걸 가고 씨가 알게 되는데는 그리 많은 시간이 걸리지 않았다.

▶ 가고 씨가 작성한 귀속표(1)

'최근 직장을 그만 둔 원인과 관련해, 어떤 사고가 가능할까?'

사건: 의류매장 일이 잘 풀리지 않았다. 원인은?

	부분적		전체적	
	내벌	외벌	내벌	외벌
일시적	옷가게 일이 처음이라서 익숙하지 않았어.	주인이 나쁜 사람이었어.	그 날은 컨디션이 좋지 않았어.	그 날의 운세는 최악이었어.
영구적	옷 파는 일은 내 적성에 맞지 않나 봐.	그런 일은 너무 시시해.	난 뭘해도 늘 이렇게 소심해.	고등학교 때 받은 상처 때문에, 늘상 이런식이야.

실생활에서의 응용

드디어 가고 씨로부터 다시 일을 시작해 보겠다는 이야기가 들려왔다. 일을 하면서 자신의 생각을 확인해 보고 싶다고 했다. 나는 거기에 대찬성했다. 그리고 회사에서 무언가 문제가 생겼을 때, 귀속표를 꼭 만들어 보라고 일러주었다.

불황이라고는 하지만 액수에 그리 구애되지 않는다면, 아르바이트 일자리를 찾기란 그리 어려운 일이 아니었다. 가고 씨는 곧 거리의 상품 앙케트 조사 아르바이트 자리를 구했다.

그리고 2주가 지났다. 가고 씨는 귀속표를 만들어 내 진찰실로 찾아왔다. 이번 표(가고 씨가 작성한 귀속표 (2))는 많이 달라져 있었다.

예전처럼 모든 항목을 채우는 것이 아니라, 그때 그때마다 실제 떠오르는 생각만을 쓰고 각각의 사고방식이 진실인지, 확률은 몇 %인지를 적어 보았다고 했다.

가고 씨가 작성한 귀속표 (2)에서 검토한 '사건'은 앙케트 조사 아르바이트에서 종종 접할 수 있는 지극히 일상적인 일이었다. 설문지를 던지면 열에 아홉 사람은 도망가 버린다. 시간도 시간이지만, 왠지 믿음이 가지 않는 악덕 세일즈일까봐 사람들이 더 멀리 하게 되는데, 그렇게 거절당할 때마다 좌절해 버린다면 일을 완수해 낼 수 없을 것이다.

가고 씨도 거부당하는 그 자체를 문제삼진 않았지만, 기분 좋게 앙케트에 응하다가 느닷없이 화를 내는 사람도 의외로 많았다고 한다. 그럴 때 가고 씨는 착잡한 기분에 빠졌는데 가고 씨가 작성한 귀속표 (2)에서는 그때 그 심정을 보여주고 있다.

이 표에는 아주 중요한 것들이 많이 들어 있다. 우선 가고 씨의 발상법이 유연해졌으며, 다양하게 생각할 수 있게 되었다는 점이다.

또한 확률로 나타낸 숫자를 살펴보면, 다양한 사고에 숫자가 골고루 퍼져 있음을 알 수 있는데, 지금까지 주류를 차지한 '외벌·영구·전체'의 귀속 유형이 15%로 꽤 많이 낮아져 있다. 이는 과거집착형 꼬리에 꼬리를 무는 고민에서 꽤 많이 벗어났다는 것을 대변해 주고 있는 것이다.

더욱이 일시적으로 생각하는 확률이 40%로 늘어났다는 사실에도 주목해야만 한다.

지금까지 가고 씨는 '이 세상은 언제나, 어딜가나 불행 뿐이야'라는 생각에 빠져 그것이 초래한 갇힌 세계 속에 있었지만, 어느새 '이 일은 정말 불행이지만, 그렇다고 이 세상 모든 일이 나쁘란 법은 없잖아!'라는 열린 생각을 할 수 있게 되었다.

또 한 가지 중요한 사실은 '부분적·외벌적' 귀속이 합계 65% 가까이 차지한다는 것이다. 이것은 '나쁜 일이 일어나지만, 그렇다고 이 세상에 나쁜 일만 존재하는 건 아냐'라는 생각의 전환이 일어났음을 시사한다.

이 점도 과거집착형 꼬리에 꼬리를 무는 고민의 해소를 대변해 주는 변화라고 말할 수 있을 것이다.

이 아르바이트는 2주일 동안의 일이라서 다시 가고 씨는 백조 신세가 되었지만, 그것도 일시적인 일이었다. 큰 무리 없이 아르바이트를 잘 해내서 가고 씨는 자신감을 얻었다.

　그 뒤 아버지의 소개로 단순 사무직으로 취업할 수 있게 되었다. 새로 들어간 직장에서도 역시 가고 씨가 받아들이기 힘든 일이 있었지만, 귀속표를 만들고, 나와의 상담 시간을 통해 회사에 열심히 다니게 되었다.

▶ 가고 씨가 작성한 귀속표(2)

'아르바이트를 할 때 왜 그런 일이 일어났을까?'
사건: 앙케트를 부탁했을 때, '태도가 그게 뭐야!' 하며
사소한 이유로 욕을 먹었다. 원인은?

	부분적		전체적	
	내벌	외벌	내벌	외벌
일시적	좀 피곤했으니까 내 태도가 껄렁하게 보였을지도 모르지. (10%)	아이 참, 재수없게 왕짜증을 만났네. (30%)		
영구적		앙케트 조사 일은 다 그런 것 같아. (35%)	역시 난 사람들에게 좋은 인상을 주지 못하나봐. (10%)	고등학교 때 받은 상처 때문에, 늘상 이런식이야. (15%)

'자기애'라는 벽

가고 씨는 이렇게 꼬리에 꼬리를 무는 고민에서 탈출해 세상 속으로 다시 나오게 되었다.

그렇지만 도대체 왜 과거집착형 사고에 빠지는 것일까? 왜 모든 화살을 밖으로 돌리는 '외벌적' 반응을 취하느냐에 대한 이야기는 시원하게 풀지 못한 것 같다.

이것은 재발 방지라는 의미에서도 간과해서는 안 된다. 앞으로 만나게 될 스트레스의 크기에 따라서는 다시 같은 유형을 답습할 수도 있기 때문이다.

여기에서는 정신분석학 관점도 아우르며 과거집착형 꼬리에 꼬리를 무는 고민을 좀더 근본적으로 살펴보기로 하자.

지금까지 이야기했듯이, 과거집착형 꼬리에 꼬리를 무는 고민은 '과거의 어떤 사건이 지울 수 없는 상처가 되어 날 이렇게 만들었어. 내가 잘못한 게 아냐'라는 외벌적 귀속이라고 말할 수 있다.

물론 반드시 '외벌이 나쁘다'는 것은 아니다. 문제는 '늘, 항상' 외벌에 빠지는 것이 바람직하지 못한 것이며, 항상 모든 화살을 타인 또는 외부 환경으로 돌림으로써 파생되는 일종의 책임 회피가 문제인 것이다.

그렇다면 왜 책임을 회피하는 것일까? 이런 타입의 꼬리에 꼬리를 무는 고민에 빠지는 사람은 자부심이 높아서 '이렇게 대단한 내가 이 모양 이 꼴 일리가 없지. 이건 내 탓이 아니라, 내 주변 때문이야'

라는 생각이 저변에 깔려있는 경우가 많다. 그렇다면 그 근본은 높은 자부심, 나르시시즘(narcissism), 즉 자기애(自己愛) 문제와 직면하게 된다.

자기애라는 것은 인간이 살아가는 원천이라고도 말할 수 있다. 자기 자신을 사랑하지 못한다면 살아갈 수 있는 힘을 잃게 된다.

누구나 자신에 대한 평가는 높아서 '난 특별해. 난 다른 사람하고 달라' 라는 생각을 가지고 있다. 이것이 바로 자기애의 본질인 것이다.

그렇지만 이 자기애가 지나쳐 하늘을 찌르다 보면 꼴불견으로 인식되기 십상이다. 도에 지나친 자기애는 사회적으로 받아들여지지 않기 때문에 기본적으로 그런 자기애는 억제 당하고 있다.

즉 자기애는 각자의 잠재의식 속에는 깊이 뿌리내려져 있지만, 당사자를 포함해 겉으로는 그런 자기애를 의식하지 못하고 있다.

하지만 특별하게 어떤 일에 실패를 경험했다거나, 타인에게 받아들여지지 않을 때는 차가운 현실과 심층의 자기애가 서로 부딪쳐서 '말도 안 돼! 난 이렇게 하찮은 존재가 아니란 말야' 라는 생각을 갖게 된다.

이는 개개인 입장에서 보면 당연한 대응으로, 큰 아픔을 그렇게라도 달래지 않으면 그 고통을 감당할 수가 없는 것이다.

그런 적응은 각자의 개성에 따라 다른 양상을 띠는데, 정신분석에서 말하는 방어기제(무의식적으로 자아가 상처받지 못하도록 방어하는 심리학적인 메커니즘)와도 관련이 있다.

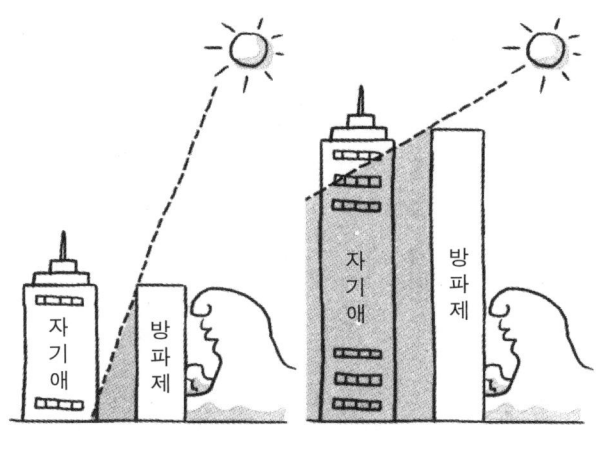

자기애 타워가 적당한 높이   자기애 타워가 삐죽 솟아 나온 높이

〈자기애와 방파제의 높이〉

앞서 이야기한 귀속이론의 8가지 귀속 유형 또한 자기애를 지키는 일종의 방파제라고 말할 수 있다. 그러니 자기애나 방어기제나 모두 그 자체는 건강한 심리 작용이라고 해도 무방하다.

하지만 도에 지나친 자기애, 즉 자신의 이미지를 지나치게 확대시켜 해석하고 스스로에 대한 평가가 너무 높을 때는 문제가 된다.

높은 자기애를 지키기 위해서는 높은 방파제가 필요하다. 방파제를 높이 높이 세우려면 아무래도 그만큼 힘이 들기 때문에 여기저기 아무 데나 세울 수는 없을 것이다. 즉, 유독 한 지점에만 높이 쌓아올리기 쉬운데, 바로 그것이 특정 유형에 대한 귀속으로 굳어지기 쉽다는 것이다.

또한 높은 방파제는 높은 파도가 왔을 때에는 도움이 되지만, 평상시에는 햇볕을 차단한다는 부정적인 면도 무시할 수 없다. 이것이 바로 꼬리에 꼬리를 무는 고민과 연결되는 것이다. 위의 그림은 바로 이런 관계를 그림으로 나타낸 것이다.

해결 포인트는 '보통 사람 인간관'

여기에서 분명한 것은 방파제를 낮출 필요가 있다는 것이다. 그러기 위해서는 먼저 자기애를 낮추어야 한다. 자기애를 낮춘다는 것은 나를 있는 그대로 본다는 것이다.

과거집착형 꼬리에 꼬리를 무는 고민으로 괴로워하는 사람들을 보고 있으면 굉장히 큰 이상적인 이미지를 스스로에게 부여하는 경우가 많다.

'난 누구에게나 사랑 받고, 존경받는 멋있는 사람이야' 라는 이미지와 '난 언제나 어디서나 주목받는 스타야' 라는 이미지, 또한 '인류에게 공헌할 수 있는 테레사 수녀 같은 자비로운 인물이야. 그걸 모든 사람들이 인정해야만 해' 라는 자부심 등등이다.

'그런 사람이 되고 싶어' 라면 문제가 또 틀리겠지만, 아무런 전제 없이 '이미 그렇게 완벽한 인간이야' 라고 생각한다면 그건 분명 착각이다. 이런 생각은 분명 진실이 아님에도 불구하고 당사자가 그것을 인정하기란 쉽지 않은 일이다.

또한 치솟던 자기애를 부정하는 사건이 일어나거나, "넌 그렇게 잘난 사람이 아냐" 하며 직설적인 언어 표현으로 자기애를 부정 당한다면, 그 다음에는 '난 안 돼. 난 쓰레기야' 하며 자아평가가 단숨에 땅바닥으로 곤두박질 치게 된다.

'좋은 점도 있고, 나쁜 점도 있는 그렇고 그런 보통사람이지 뭐!' 라는 진실에 다가갈 엄두도 내지 못한 채, 최고 아니면 최악의 양극을 달리게 된다(56페이지의 '100점 아니면 빵점 사고'에 해당).

무엇보다도 우리는 '보통 사람들' 이라는 현실을 받아들이는 게 중요하다. 반복되는 이야기지만, '난 이 세상 가장 훌륭한 위인도 아니지만, 그렇다고 해서 이 세상 가장 못난 쓰레기도 아냐. 웬만큼 능력도 있지만, 실패할 때도 있지. 그런 보통 사람이야' 라는 자기 이미지가 중요하다. 이는 성인군자가 아닌 이상, 대부분의 사람에게 적용할 수 있는 올바른 자아인식이 아닐까 싶다.

이런 진실을 받아들인다면 본인도 편안해지고, 자연스럽게 주위 평가도 올라갈 것이다. 하지만 오랜 세월에 걸쳐 쌓아온 자기애의 성을 하루아침에 부수기란 쉽지 않은 일이다.

가고 씨가 앞으로의 인생에서 '보통 사람 인간관'을 받아들이고 자기애를 적당하게 조절해 나가기 위해서는 성공과 실패를 경험하면서 '인간적인 성장'을 하는 것이 필요하다. 그 전제가 바로 '난 달라져야만 해' 라는 다짐이다. '내가 뭘 잘못했는데, 내가 뭘 고쳐야 하는데' 라고 강경하게 나온다면, 문제 해결과는 점점 거리가 멀어지게 된다.

  과거집착형 꼬리에 꼬리를 무는 고민을 탈출하기 위한 첫걸음은 '그래, 바꿀 건 바꾸고, 받아들인 건 받아들이자' 라는 있는 그대로의 모습을 자각하는 데서 출발해야 한다.

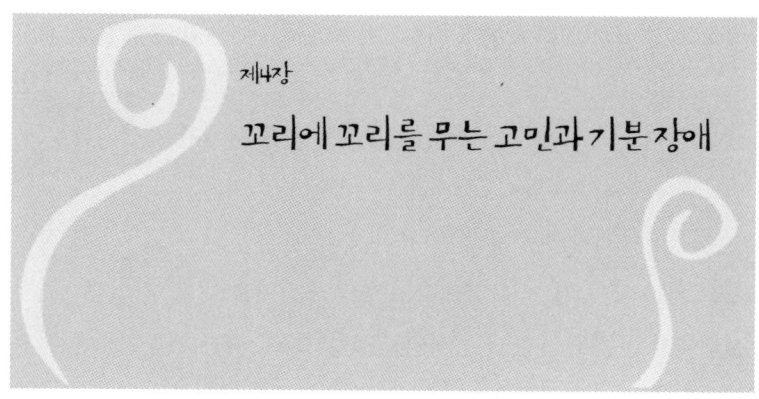

제4장
꼬리에 꼬리를 무는 고민과 기분 장애

알 듯 모를 듯 변명 같은 병명

 혹시 '기분 장애'라는 병명을 들어본 적 있는가? 영어의 '무드 디스오더(mood disorder)'라는 단어를 우리말로 옮긴 것으로, 이 글을 읽고 있는 독자들 대부분이, '기분이 안 좋다는 건가? 기분 잡쳤다는 건가?'라는 이미지를 머릿속에 떠올릴 것이다.
 그렇게 무겁지 않은 느낌의 단어이지만, '우울증'을 가리켜 요즘에는 '무드 디스오더'라고 부르고 있다. 즉, 우울증을 정신병으로 해석하지 않는다는 뜻이다.
 기분 장애에는 여러 종류가 있다. 유발 원인만 따진다 해도 가족의 죽음이나 사고 등 커다란 쇼크, 외상, 뇌경색이나 심근경색 등의 질병을 꼽을 수 있다. 증상에 따라 생각한다면, 극심한 우울감을 호소하는 전형적인 우울증, 우울한 정적인 기분과 들뜬 동적인 기분이 번갈아 가며 나타나는 조울증, 끈적끈적한 우울 상태가 계속되는 기분변조증(氣分變調症) 등이 모두 기분 장애에 속한다.

본문의 사례에 비추어 말한다면, 제2장에 등장한 콘도 씨, 제3장의 가고 씨는 모두 이 기분 장애라는 병명의 진단을 내릴 수 있다. 그 가운데에서도 콘도 씨는 전형적인 우울증, 가고 씨는 기분변조증 환자이다.

지금쯤 '어, 그럼 갈등형 꼬리에 꼬리를 무는 고민과 과거집착형 꼬리에 꼬리를 무는 고민은 어디로 갔지?' 하며 의아해 하는 독자들도 있을 것이다.

이는 두 사람의 행동이나 사고방식의 구조를 풀어 설명한다면 꼬리에 꼬리를 무는 고민이 되는 것이고, 정신의학적으로 진단을 내린다면 기분 장애가 되는 것이다. 즉 같은 현상이지만, 보는 각도에 따라 명칭이 달라진다는 의미다.

의사는 우선 환자를 진단해야 한다. 같은 병명의 환자와 비교하거나, 지금까지의 경험에 미루어 판단하면서 치료 방법을 결정해야 하며, 병의 진행 과정을 나름대로 예측해야만 한다.

그렇다면 정신의학의 세계에서는 이들 기분 장애 환자인, 콘도 씨와 가고 씨를 어떻게 치료할까, 여기에서는 바로 그 점에 대해 이야기하고자 한다. 꼬리에 꼬리를 무는 고민에 빠진 사람 가운데 기분 장애라는 질환을 앓고 있는 사람이 굉장히 많기 때문에 이런 치료는 피할 수 없는 당면 과제이기도 하다.

이번 장에서는 꼬리에 꼬리를 무는 고민 대신 '우울증' 또는 '기분 변조증'이라는 병명을 주요 테마로 삼고자 한다. 이 기분 장애는 7~8명 가운데 1명은 적어도 일생에 한 번은 경험한다고 한다. 그만큼 누구에게나 찾아올 수 있는 마음의 병인 것이다.

치료에 효과적인 약도 많이 나와 있고, '마음의 감기'라고 불릴 만큼 일상적인 질환이다. 그러니 정신 질환에 대한 거부반응이나 선입관 없이 다음의 글을 읽어 주었으면 한다.

전형적인 우울증 환자 - 콘도 씨

제2장의 주인공, 콘도 씨는 정신과 의사 입장에서 진단을 내린다면 전형적인 우울증 환자이다. 갈등형 꼬리에 꼬리를 무는 고민이 심화되면 우울증에 빠지기 쉽다.

그럼 우선 우울증이란 무엇인가에 대해 알아보자.

'우울증'이란 '지독한 우울, 그래서 그것이 병이 된 것'이라고 말한다면 거의 정답이다. 그렇다면 '우울'이란? 이는 굳이 설명할 필요가 없을 듯하다. 왜냐하면 누구나 우울한 기분은 항상 경험하고 있는 것일 테니 말이다.

지금까지 태어나서 한번도 우울한 기분을 맛본 적이 없는 사람이 있다면 분명 그 사람은 '비정상 인격자'일 것이다. 그러니 자신이 체험한 우울한 기분을 떠올린다면 그것이 바로 우울증의 우울과 설명이 상통하리라.

　기분이 울적하고 의욕이 하나도 없고, 생각이 자꾸 뒷걸음치고, 입맛도 뚝, 몸의 컨디션도 꽝, 잠도 잘 오질 않는다는 상태! 이는 우울증 증상과 기본적으로는 별 차이가 없다.

　그렇다면 이런 '누구나 경험하는 우울'과 '우울증'은 어떻게 다를까? 몇 가지 차이점을 지적할 수 있다. 먼저 우울증은 우울한 정도가 세상이 꺼져 갈 정도로 심하고 강렬하다는 점.

　두 번째, 우울증은 좀 색다른, 다소 이질감이 느껴지는 생각에 빠져 약간 병적이라고 말할 수 있다는 점.

　세 번째, 주위로부터의 손길(위로나 격려 등)에 전혀 반응하지 않고 우울한 기분이 딱지처럼 딱딱하게 굳어서 즐거운 일이 생겨도 전혀 기쁘지 않다는 점. 네 번째, 지속 기간이 길다는 점이다.

　이렇게 일상적으로 우리가 느끼는 우울한 기분과 우울증을 다음의 표를 통해 서로 비교해서 정리해 두었는데, 각 항목별로 좀더 자세히 이야기해볼까 한다.

　우울증은 무엇보다 일상 생활을 제대로 영위하지 못할 만큼 정도가 심하고, 더구나 지속적이라는 특징이 있다. 우울해졌다고 회사에 결근하는 사람은 없을 것이다. 물론 업무 능력은 다소 떨어질지 모른다.

　반면에 우울증 환자는 두뇌 회전이나 집중력이 바닥으로 떨어져 제대로 일을 할 수가 없으며, 더욱이 그런 상태가 몇 주간이나 지속된다.

▶ 우울증과 우울한 기분의 비교

	우울증	우울한 기분
① 일상 생활의 방해 정도	· 굉장히 심하다. · 회사 · 학교에 못 간다. · 가더라도 정상적으로 일을 할 수 없다. · 집안 일을 전혀 하지 못한다.	· 우울하긴 하지만, 직면하는 일상 생활은 해 나간다.
② 사고방식	· 모든 상황을 부정적으로 인식하며 현실과 동떨어진 망상을 하기도 한다. · 예외없이 자책감에 빠진다.	· 비관적인 생각은 하지만, 현실과 동떨어지지는 않는다.
③ 위로나 의견에 대한 반응	· 무슨 말을 해도 전혀 귀기울이지 않아서 주위 사람들이 피곤하다.	· 어드바이스를 구하고, 위로를 호의적으로 받아들인다.
④ 대인 접촉	· 피한다.	· 좋아하는 사람, 기대고 싶은 사람에게 다가간다.
⑤ 기분 좋은 일의 효과	· 전혀 효과가 없다. · 오히려 나빠진다.	· 기분이 좋아진다.
⑥ 지속	· 길다. · 최소 2주 동안 매일. · 방치해 두면 보통 수개월 지속.	· 불안정

또한 행동이 극단적으로 치우쳐, 옷을 갈아입는다거나 목욕할 마음도 싹 달아나 원래 치밀하고 깔끔했던 사람이 반대로 덜렁대며 지저분하게 바뀌는 사람도 있다.

위의 경우는 우울의 양적인 문제이지만, 사고방식의 '질적 문제'

도 지적할 수 있다. 가령 한번도 내리막길 없이 높은 실적을 올리던 훌륭한 영업맨이 "난 잘릴 거야. 명퇴 당할 거야. 그럼 우리 가족들은……. 온가족들이 같이 죽을 수밖에 그 길 밖에 없어" 등등의 말을 꺼낸다. "무슨 소리야. 말도 안 돼" 하며 아무리 주위사람들이 얘기해도 "아냐. 그 길밖에 없어" 하며 주위 얘기를 전혀 들으려 하지 않는다. 사태가 이쯤 되면, '이상하다, 뭔가 환상에 사로잡혔나?' 하며 질적으로 보통과 다른 우울증이라는 인상이 강해진다.

  사고방식 가운데 가장 극단적인 형태는 자살이다. 일상 생활 속에서 우울한 기분에 사로잡혔다고 해서 자살을 기도하는 경우는 드물지만, 우울증의 경우 정도의 차이는 있겠지만 자살을 생각하게 된다. 즉 '정말로 자살을 기도할 만큼 우울하다면 우울증일 가능성이 있다'고도 말할 수 있다. 또 우울증의 경우, 거의 '반드시'라고 말해도 좋을 만큼, 자책감에 빠지는 것이 특징이다. 이것도 반대로 말하자면 '누구 때문이 이렇게 되었어'라며 타인을 원망하거나 타인에게 책임을 전가하는 경우에는 우울증이 아닌 경우가 많다.

  보통 우울한 기분에 빠졌을 때, 우리는 타인에게 위로를 받으면 기분이 어느 정도 좋아지고 밝아지지만, 우울증의 경우에는 위로 받을수록 오히려 기분이 더 가라앉는 경향이 있다.

  이와 마찬가지로 무슨 좋은 일이 일어나도 우울한 기분이 가셔지기는커녕 오히려 우울감이 심화되는 것도 우울증의 한 특징이다. 예를 들면 로또 복권에 1등으로 당첨되었다고 하자. 단순한 우울감에 젖어 있던 사람은 복권 당첨 소식을 접하는 순간, 우울한 기분이 싹

달아날 것이다. 하지만, 우울증에 걸린 사람은 '이렇게 죄 많은 사람에게 이런 큰돈을 내리다니, 이건 말도 안 돼지' 하며 더 우울한 기분에 빠지거나 자신을 자책하게 된다.

또 한 가지 우울증의 특징으로 자주 꼽히는 것은 '하루 동안의 기분 변동'이다. 즉 우울증에 걸렸을 경우, 아침에는 환한 하늘이 시커멓게 보일 정도로 우울한 정도가 심한 반면, 저녁때가 되면 조금 나아지는 경향을 보인다.

이는 우울증이 일종의 리듬 장애라는 생리학적인 입장을 뒷받침해 주는 의견인데, 그 해석은 후차적인 문제라 하더라도 단순한 우울감은 그런 양상을 띠지 않는다. 우울한 기분에 파고가 있다 하더라도, 그것은 시각에 의한 것이 아니라, 그 날 기분에 따라 차이가 나는 것이 일반적이다. 예를 들면 '어제는 기분이 영 아니였지만, 오늘은 그럭저럭 기분이 좋아졌' 는 식으로 말이다.

이쯤 되면 우울증 진단의 틀을 어느 정도 가늠했을 것이다. 미국정신의학회의 진단 기준에 기초한 다음의 우울증 자가 진단 테스트를 참고해 보도록 하자. 물론 이런 간단한 테스트로 정확한 진단은 내릴 수 없겠지만(특히 우울증 이외의 정신 질환이 있는 경우에는, 이 진단 기준에 맞는다 해도 우울증이 아닌 경우가 많다), 어느 정도 눈높이라는 의미에서는 도움이 될 것이다.

제2장에 등장하는 콘도 씨에게도 이 테스트를 실시했는데 거의 전 항목에 ○표가 붙었다. 테스트와 아울러 콘도 씨의 증상과 사고방식을 종합해 우울증이라는 진단을 내릴 수 있었던 것이다.

<우울증의 자가진단 테스트>

① 다음 중에서 최근 2주 동안 당신에게 해당되는 항목이 있으면 ○표 하세요.

( ) 거의 매일, 하루 종일 우울해서 미치겠다.

( ) 거의 매일, 하루 종일 뭘 해도 재미가 없고, 기쁨도 전혀 느낄 수 없다.

　　○표가 1개라도 체크된 경우 → ②로 계속.

　　○표가 1개도 없는 경우 → 우울증과 무관, 테스트 종료.

② 다음 중에서 최근 2주 동안 평소와는 다른, 당신에게 해당되는 항목이 있으면 ○표 하세요(최근의 변화된 모습이 아닌, 늘 그랬던 경향이라면 ○표 하지 마세요).

( ) 거의 매일, 입맛이 전혀 없다든지, 반대로 입맛이 비정상적일 만큼 당긴다.

( ) 거의 매일, 잠을 이루지 못한다든지, 반대로 잠이 쏟아진다.

( ) 거의 매일, 초조 불안해서 미칠 것 같고, 의욕이 전혀 생기질 않는다.

( ) 거의 매일, 너무너무 피곤하다.

( ) 항상, '난 구제불능이다', '난 나쁜 놈이다' 라는 생각에 빠진다.

( ) 생각이 앞으로 나아가지 못하고, 집중력이나 결단력이 떨어진 상태가 지속되고 있다.

( ) 죽는 게 낫다는 생각이 든다.

> 여기까지 ①과 ②의 ○를 합한 숫자가,
>
> ○가 5개 이상인 경우 → ③으로 계속.
>
> ○가 4개 이하인 경우 → 우울증과 무관, 테스트 종료.
>
> ③ · 이상의 증상 때문에, 참을 수 없을 만큼 괴롭고, 업무나 가사, 학업 등을 정상적으로 해낼 수 없는 경우 → 우울증일 확률이 높다. 테스트 완료
>
> · 이상의 증상이 있어도, 극심한 고통을 느끼는 것은 아니며, 일상 생활에도 심하게 지장을 초래하지 않는다 → 우울증이 아니다. 테스트 종료

기분변조증

그렇다면 가고 씨의 경우는? 한 직장에 오래 다니지 못한다는 문제가 있긴 하지만, 그녀의 증상은 그리 무겁지 않은, 누구나 빠질 수 있는 심리 상태라고도 볼 수 있다. 콘도 씨와는 달리 증상이 그리 심각한 것 같지 않은데 굳이 진단을 내릴 필요가 있을까? 좀더 단정지어 말한다면, 병이라기보다 성격 문제 아니냐는 시각도 있을 것이다.

하지만 역시 가고 씨의 경우에서도 진단은 중요하다. 왜냐하면 정확한 진단을 통해 심리치료를 든든히 받쳐줄 약물치료의 가능성이 최근 대두되고 있기 때문이다. 그리고 가고 씨와 유사한 증상과 경과

로 정신과에 문을 두드리는 사람이 꾸준히 증가하고 있기 때문이다. 정신과 문턱이 낮아져서 일반인들도 쉽게 정신과를 찾게 되어 그런 것도 있겠지만, 가고 씨와 같은 증상을 호소하는 환자 수가 눈에 띄게 늘어난 것도 사실이다. 그래서 정신과 학계에서도 가고 씨와 같은 타입이 새롭게 대두되고 있다.

가고 씨에게는 '기분변조증'이라는 병명을 붙일 수 있을 것이다. 다음의 표를 통해 미국 정신의학회가 정한 기분변조증의 진단 기준을 정리해 보았다. 이 기준을 보면 우울증과의 차이점이 궁금해질 것이다. 그 차이는 다음과 같다.

먼저 결정적인 차이는 우울증보다 우울감의 정도가 가볍다는 것이다. 우울증의 경우, 우울감 정도가 극심해서 기쁨을 전혀 느끼지 못한다. 자살을 심각하게 생각한다는 점에서도 우울증 환자의 무거운 우울감을 알 수 있는데, 이와 달리 기분변조증은 그 정도는 아니다.

생활상의 장애 정도도 가벼워서, 척척 업무를 처리하지는 못해도 기본적인 생활은 번듯하게 해 나간다. 사고방식도 망상의 수준까지는 아니다. 〈우울증과 우울한 기분의 비교〉에 비추어 설명한다면, 우울증보다는 '우울한 기분'에 가깝다.

우울증과 다른 또 다른 차이점은 '길게 지속된다'는 점이다. 우울증도 길게 지속되지만 그것은 어디까지나 예외적인 경우로, 평균 수 개월 내에 치료될 확률이 높다. 적어도 몇 년에 걸치는 경우는 거의 예외에 가깝다. 그러나 기분변조증은 2년 이상 이어진다는 것이 진단 기준이 되고 있다(발병한 뒤 2년 동안은 진단을 내릴 수 없다). 이상을 정리하면 '심하지는 않지만, 2년 이상 지속되는 우울한 상태'가 된다.

사실 이런 증상을 호소하는 환자는 이미 19세기 전으로 거슬러 올라가는데, 전통적으로 '우울 신경증'이라고 불렀다. 하지만 20년 정도 전부터 미국을 중심으로 '신경증'이라는 호칭 전체가 너무 막연하게 들리고, 전혀 다른 증상의 질병도 함께 다루게 되니까, 이를 따로 분류해서 부르자는 움직임이 일어났다. 우울 신경증도 그런 연유에서 '기분변조증'이라는 이름으로 옷을 갈아입게 된 것이다.

여기에서 기분변조증이라고 하면 '기분이 변한다'는 정도의 이미지만 떠오를 것이다. 기분변조증의 중요한 징후인 우울감도 두드러지지 않으며, '변조'라고 하면 왠지 '변태'라는 생각이 떠올라, 개인적으로는 그다지 좋아하는 단어가 아니다. 그러나 국제적인 진단법에 따르자면 이 호칭이 표준이 되고 있다.

잠시 통계적인 데이터를 살펴보면, 이 기분변조증의 진단을 내릴 수 있는 사람은 전 국민의 약 3~4% 정도라고 한다. 우울증의 경우, 일생 동안 1번 이상 발병하는 사람이 10%나 된다고 하니까, 기분변조증은 그 반도 미치지 못하는 적은 수이다.

증상으로 따진다면 우울증이 훨씬 더 중증이지만, 기분변조증은 길게 지속된다는 점에서 사회 적응도가 떨어질 수 있으며, 3~4%의 유병율(전체 인구의 몇 %가 그 병에 걸렸는지를 나타내는 비율)은 결코 사회적으로 무시할 수 있는 수치가 아니다. 기분변조증의 문제를 끊임없이 연구해야될 정신 의학의 과제라고 하는 것도 그런 연유에서이다.

한편, 가고 씨의 증상을 다음의 〈기분 변조증의 진단 기준〉에 적용해서 본다면, 기분변조증 증상과 거의 일치함을 알 수 있을 것이다.

〈기분변조증의 진단기준〉

미국정신의학회 기준(『DSM-Ⅳ 정신 질환의 진단·통계 메뉴얼』/의학서원/1996)을 기초로 해서 알기 쉽게 재구성한 것. 핵심 부분만 간추려 정리해 두었기 때문에, 이것만으로는 정확한 진단을 내릴 수 없지만, 대략적인 틀은 알 수 있을 것이다. 이하의 항목을 모두 만족시켰을 경우, 기분변조증이라고 진단한다.

A. 그렇지 않은 날도 있긴 하지만, 무거운 우울감이 대개 하루 종일 느껴지며 우울한 날이 더 많은 상태가 2년 이상 지속되고, 때문에 사회적 생활(학업, 업무, 가사)을 제대로 영위하지 못하고 있다.

B. 심한 우울감이 느껴지는 기간 동안, 아래 가운데 2가지 이상이 존재할 것.
  · 식욕 감퇴, 또는 과식
  · 불면, 또는 과면
  · 체력 저하
  · 집중력 저하
  · 절망감

C. 2년 동안 2개월 이상 A, B가 없었던 적이 없다.

D. 우울증, 조울증, 기타 정신병, 약물 중독증에 노출되지 않았다.

우울증의 치료법

우울증, 기분변조증이라는 의학적인 진단이 내려지면, 바로 그에 적합한 의학적인 치료가 시작된다. 제2장과 제3장에서 서술한 치료 방법은 정신 요법이라고 말하며, 이른바 심리학적인 접근이었지만, 지금부터 거론할 것은 약을 중심으로 한 의학적인 치료 방법이다. 우울증 치료에는 이 양자가 모두 중요한 문제이다.

먼저 콘도 씨의 우울증!

원칙은 두 가지. '항우울제'라고 불리는 약과 '요양'이다. 이 두 가지를 조합하면, 완치 확률은 가파르게 올라간다. 한쪽이 부족해도 치료는 불충분하다. 특히 요양만 취하고 항우울제를 복용하지 않으면 개선은 굉장히 어렵고 개선할 수 있다 해도 아주 긴 시간이 요구된다.

또한 약만 복용하고 요양을 취하지 않고 무리하면 경과가 지연되거나 항우울제의 효과를 기대하기 힘든 경우도 생긴다. 물론 최악은 약도 복용하지 않고, 요양도 하지 않는 경우, 이는 악화일로를 걷다가 위험 상태에 빠져들기 십상이다.

항우울제를 복용하면서 확실하게 요양한다. 이것이 우울증 치료의 기본 중의 기본이다.

다음의 표에는 현재 처방되는 모든 항우울제의 공통된 장점과 단점을 정리해 보았다. 이를 살펴보면 항우울제가 무엇인지 대략 개념이 잡힐 것이다. 이 표를 잠시 설명해 보기로 하자.

▶ 항우울제의 장점과 단점

장점	단점
약 70%의 환자에게 효과적이다.	약 30%의 환자에게는 효과를 기대하기 힘들다.
약의 종류가 다양해서 복용해도 효과가 나타나지 않으면 다른 약으로 대체할 수가 있다.	어떤 약이 가장 효과가 있는지 처음부터 예측하기는 힘들다.
완만하게 천천히 증상이 좋아진다.	즉효성이 없다.
독성이 거의 없어서, 안전한 약이라고 말할 수 있다.	불쾌한 부작용이 약간은 따른다.
약물 의존이나, 중독에 빠지지 않는다.	복용 직후 별다른 변화를 느낄 수 없기 때문에 설득력이 부족하다.

　우선 유효율, 즉 항우울제를 복용하면 증상이 호전되는 우울증 환자는 어느 정도일까? 데이터를 종합해보면, 약 70%라고 한다. 수많은 항우울제 가운데, 평균을 넘는 '특효약'은 아직 나오지 않아서, 종류에 상관없이 어느 약이나 고만고만한 숫자이다.

　70%는 약으로서 결코 나쁘지 않은 수치다. 감기약, 위장약 등 일반 의약품에서부터 항생물질, 항암제 등을 포함해 모든 약제를 두루 살펴보아도, 70%의 유효율은 '잘 듣는 약'이라고 말해도 좋다.

　물론 나머지 30% 환자에게는 별로 효과가 없다는 것도 사실이다. 화학 작용이 다른 항우울제로 약을 달리 처방함으로써 50%의 환자가 증상이 개선된다. 이렇게 약을 교체해 나가는 동안에 최종적으로는 대부분의 환자가 증상이 좋아지게 된다(단, 몇 %는 어떤 약에도 반응하지 않은 경우가 있어서, 이는 입원 등을 통해 다양한 치료를 펼칠 필요가 있다).

이는 앞의 표에서 정리한 두 번째 장점인데, 다양한 약의 종류를 이용해서 처방을 달리함으로써 증상이 호전될 확률이 높아지게 된다.

하지만 '이 사람에게는 이 약이 딱이야' 하며 환자를 보자마자 족집게처럼 알아맞히면 더할 나위 없이 좋겠지만, 현실적으로는 그런 족집게 같은 진단이 불가능하다는 단점이 있다. 즉, 치료는 그때그때 적절하게, 직접 부딪치지 않으면 알 수가 없는 것이다.

물론 이 경우에도 의사의 경험을 통해 '이 환자에게는 이 약이 잘 들을 것 같은데……' 하며 육감을 발휘할 수도 있겠지만, 이것이 어느 정도 효과적인지 실증해 주는 과학적인 데이터는 아직 부족하다.

세 번째 장점은, '복용하면 그 즉시 헤헤 웃음이 나온다'는 것은 물론 아니지만, 대략 3~4주에 걸쳐 완만한 속도로 차도가 나타나게 된다. 상식적으로 생각해 봐도 기분이 하루아침에 바뀐다면 그 또한 부자연스러워서 주위 사람도 어리벙벙할 것이다. 원래 기분이라는 것은 사고방식이나 의욕, 또는 감정의 종합으로 나타나는 것이라서 천천히 변화하는 것이 자연스럽다. 그런 점에서 항우울제는 자연스런 베이스를 취하는 약이라고 말할 수 있다.

다만 이는 결점과도 연결이 된다. 우울증은 말할 수 없이 고통스런 질병으로 최악의 경우에는 자살과 연결될 수도 있다. 그럼에도 불구하고 3~4주간이나 지속된다는 문제점이 바로 그것이다. 좀더 빨리 가능한 1주일 이내에 약효가 나왔으면 하는 바람이 임상 현장에서는 정말 간절하고 절실하다.

네 번째 장점은 안정성 면에서 상당히 입증된 약이라는 것이다. 표에서 '독성'이라고 표현한 것은 '간장, 신장이나 심장 등의 장기에 상처를 주거나 발암성 등의 치명적인 부작용'을 의미한다. 항우울제의 경우 그런 위험성은 거의 없다. 이런 점에서 우선은 안심하고 복용할 수 있는 약이다.

그렇다면 부작용이 전혀 없을까? 그렇지는 않다. 변비, 갈증, 위복부 불쾌감, 구토, 졸음 등의 불쾌한 부작용이 의외로 많다. 아무리 안전한 약이라고 해도 그런 불쾌한 부작용이 따른다면 복용하기가 싫어질 수도 있다.

마지막 특징은 항우울제를 복용한다고 해서 기분이 금세 날아갈 듯 좋아지는 건 아니라는 것이다. 정상인이 복용한다면, 전혀 차이를 느끼지 못할지도 모른다. 그러나 우울증 환자가 3~4주 정도 복용하면 증상은 어느새 좋아지게 된다. 우울증의 증상, 즉 우울한 기분, 기분 저하, 꺼져 가는 생각, 초조, 불안, 식욕 저하, 컨디션 불량 등 어느 증상이나 골고루 좋아지게 된다. 그런 점에서 항우울제는 '기분을 바꾸는 약'은 아니지만 '우울증이라는 병을 천천히 낫게 해 주는 약'이라고 말할 수 있을 것이다.

이런 점은 항우울제의 장점이 되기도 하고, 단점도 되기도 한다. 기분이 하루아침에 좋아지는 약, 만약에 그런 약이 있다면 마약과 마찬가지로 약물 중독의 소지가 있다. 항우울제를 복용하면 바로 약효가 나타나지 않기 때문에 중독이나, 의존 등의 염려는 없다. 이점이 항불안제나 수면제와는 다른 장점이다. 하지만 반대로 환자 입장에서 본다면 '기분이 하루아침에 좋아지지 않는데 왜 약을 먹어야 될까?' 라는 의구심이 생길 수도 있다.

위와 같은 항우울제의 장·단점을 망라하며 환자에게 약물치료의 이야기를 꺼낸다면 어떻게 말해야 될까?

"안전한 약임에는 분명하지만, 바로 기분이 좋아진다거나 몸이 가벼워진다거나 하지는 않아요. 다소 부작용이 생길 수도 있고, 효과는 복용해 봐야 알 수 있습니다."

이렇게 말하면 솔직히 환자 입장에서 보면 '약을 먹으란 말이야, 먹지 말라는 얘기야' 하며 약 복용에 대한 설득력이 떨어질 수도 있다. 바로 이 점이 항우울제가 인기 없는 이유 가운데 하나인지도 모른다. 게다가 앞서 얘기했듯이 우울증 환자의 경우, '가장 비참한 밑바닥으로 가라앉기만 하는데 어떻게, 누가 이걸 고쳐 줄 수 있겠어?!' 라는 부정적인 생각이 강해서 치료에 적극적이지 않다는 사실도 약물치료를 더욱 어렵게 만들고 있다.

실제 항우울제의 효과는 많은 통계로도 증명되고 있다. 복용한 사람이 압도적으로 우울증 치료율이 높고, 반면에 차도가 없는 환자들은 대개가 항우울제를 복용하지 않았다는 실험 결과도 나와 있다. 즉 항우울제에 대해 신뢰감을 갖고 좀더 후한 점수를 매겨도 좋을 듯하다. 내 진료 경험에서 미루어 봐도 항우울제를 복용한 뒤, 극적으로 좋아진 환자들을 실제로 많이 접했다. 그런 환자들의 환한 얼굴을 떠올릴 때마다 항우울제에 대한 신뢰가 두터워진다. 항우울제에 대한 홍보가 필요하다고 말한 것은 그런 연유에서이다.

또 한 가지 포인트인 요양에 대해서도 잠시 덧붙일까 한다. 요양은 정말 중요한 문제이다. 인간에게는 자기 회복력이 갖춰져 있다. 그것은 충분한 휴식으로 발휘된다. 그렇지만 현대인들은 하루라도 쉬면 큰일나는 것처럼, 휴식에 대해 왠지 죄악감조차 느끼고 있는 것이 사실이다. 스트레스에 쫓기는 사람이나 우울증 환자에게 "좀 쉬세요"라는 어드바이스를 하면 대부분이 "저보고 아무 것도 하지 말라고요? 말도 안 돼요!" 하며 목소리를 높인다. 물론 "아침저녁으로 조깅 정도는 해야겠죠", "새로운 취미를 가져 보면 어떨까요?"라고 말하는 사람도 많다.

이는 케이스 바이 케이스로 휴식을 통해 모든 문제점이 해결된다고는 단정지을 수 없다. 하지만 우울증, 더구나 꼬리에 꼬리를 무는 고민에 빠져 있는 경우에 있어서 휴식은 정말 중요한 포인트이다.

특히 갈등형 꼬리에 꼬리를 무는 고민을 통해 피로에 찌들고, 너무 지쳐 있어서 자기 회복력이 한계를 넘어섰을 경우, 요양을 통해 회복을 기다리는 자세가 효과적이다(우울증뿐만 아니라, 마음의 병을 예방하는데 휴식은 정말 중요하다). 항우울제 효과도 요양과 조화를 이루어야 효과가 배로 된다는 것은 두말하면 잔소리.

또한 어느 정도 기간 동안 요양을 취해야 좋은지는 사람에 따라 다르다. 2~3주 정도로 좋아지는 경우가 있는 반면, 몇 달을 필요로 하는 경우도 있다. 1개월 단위로 생각하는 것이 눈높이라고 말하면 적당할 것이다.

약물치료의 효과

그렇다면 가고 씨의 기분변조증의 경우, 약물치료가 도움이 될까? 일반적으로 '성격이 크게 좌우하는 병일수록 약효는 떨어진다'고 한다. 그도 그럴 것이 성격을 고치는 약 따위는 있을 수 없으며, 약으로 사람의 성격을 바꾼다는 발상 또한 얼마나 무시무시한 생각인가!

그러나 요즘, 특히 서구에서는 성격장애에 있어서 약물 효과를 지적하고 있다. 예를 들면 대인공포증이나 경계선 인격장애 등은 '마음의 병'이라기보다 성격적인 문제로 파악하는 것이 더 바람직할 때가 있다. 이런 경우라도 어느 정도는 치료약이 효과가 있다는 데이터가 미국을 중심으로 활발하게 발표되고 있다.

'우울한 생각을 많이 하는 성격'의 소유자가 기분변조증에 빠질 확률이 높다고 보고, 예전에는 약물 요법이 별로 효과가 없다고 생각했다. 하지만 이것도 사정이 달라졌다. 서구에서는 항우울제의 유효성을 나타내는 논문이 많이 나와 있고, '기분변조증도 항우울제를 처방해야 한다'는 논문이 최근 활발히 대두되고 있다.

이런 사실에 기인해서 나는 가고 씨에게 소량의 항우울제를 처방해 보았다. 분명 감정의 안정, 사기 충천 등 정서면의 효과가 있었던 것 같다. 우울증 환자의 경우처럼 몰라보게 좋아졌다고 자신하기 힘들지만, 그래도 심리학적인 치료를 든든하게 떠받쳐 주었다.

원래 기분과 생각은 서로 주고받음으로써 성립된다. 기분이 좋아지면 생각도 진취적으로 바뀐다. 그렇게 진취적인 생각은 다시 기분을 좋게 한다. 이런 호순환이야말로(치료하지 않으면 이와는 정반대의 악순환이 된다) 우울증이나 기분변조증의 치료에 있어서 바람직한 조타수가 되는 것이다.

꼬리에 꼬리를 무는 고민과 우울증의 관계

그럼 마지막으로 꼬리에 꼬리를 무는 고민이라는 '마음의 구조'와 우울증이라는 '질병'의 관계에 대해 나름대로 생각을 정리해 보고자 한다.

먼저 밝혀 두고 싶은 것은 '갈등형 꼬리에 꼬리를 무는 고민에 빠졌으니까, 우울증이야', 반대로 '우울증에 걸렸으니까, 갈등형 꼬리에 꼬리를 무는 고민이야' 라고 단정지을 수 없다는 점이다.

과거집착형 꼬리에 꼬리를 무는 고민과 기분변조증도 마찬가지이다. 그렇지만 두 가지는 서로 뗄래야 뗄 수 없는 관계임은 분명하다.

우울증이라는 질병의 본질은 에너지 고갈에 있다. 이 에너지를 고갈시키는 원인으로 꼬리에 꼬리를 무는 고민과 같은 소모적인 사고방식을 지적할 수 있다는 것이다. 내 경험에 비추어 대략적으로 추정해 본다면, 우울증 환자의 7~80%는 그런 소모적인 사고방식을 갖고 있으며, 그것이 중심 사고로 자리잡고 있다.

갈등형 꼬리에 꼬리를 무는 고민의 배경에 있는 '지나친 일반화', '마이너스화 사고', '기분과 사실의 혼동'이라는 생각의 왜곡도 우울증에 빠지기 쉬운 성격으로 발전하기 쉽다.

그리고 거기에서 비롯되는 '자책감', '늘 자신이 불완전하다고 느끼는 성향', '기분을 컨트롤 할 수 없는 심적 구조'도 우울증 환자에게서 흔히 볼 수 있는 감정이다. 한편 과거에 집착하는 타입은 기분변조증 환자가 50% 정도이고, 나머지 반은 우울증에 가까운 타입 등 여러 유형의 혼합으로 여겨진다.

이들 가운데 갈등형 꼬리에 꼬리를 무는 고민은 우울증과 높은 상관 관계에 있다. 우울증의 신경과학적 연구는 놀라울 정도로 발전을 거듭하고 있으며, 뇌 속에 있는 세로토닌(serotonin)이나 노르아드레날린(noradrenaline)이라는 물질이 원활하게 작용하지 못해서 우울증 증상이 발병한다는 사실이 밝혀진 바 있다.

이들 물질은 인간의 감정이나 의욕 등을 관장하는데, 사물을 받아들이는 사고방식에도 깊이 관여하고 있어서, 그 활동이 저하되면 꼬리에 꼬리를 무는 고민과 같은 비효율적인 사고방식이 발생하게 되는 것이다.

따라서 지금까지 소개한 갈등형 꼬리에 꼬리를 무는 고민의 탈출법은 꼭 우울증이 아니더라도 두루두루 적용할 수 있을 것이다. 좀더 사족을 달자면, 우울증 이외의 질병이라도 꼬리에 꼬리를 무는 고민이 엿보인다면, 항우울제 등의 우울증 치료제가 어느 정도 효과를 발휘할 수 있을 것이다.

 주위를 둘러보면 정신과에 아직도 거부 반응을 가진 사람이 많다. 증상을 분석해서 적절한 대응책을 전달하고, 증상을 개선하기 위한 약을 처방한다는 점에서는 내과나 외과 등과 전혀 다른 점이 없다. 곪아 문드러지기 전에 전문가를 찾아가 치료를 받는 것이 반드시 필요하다.

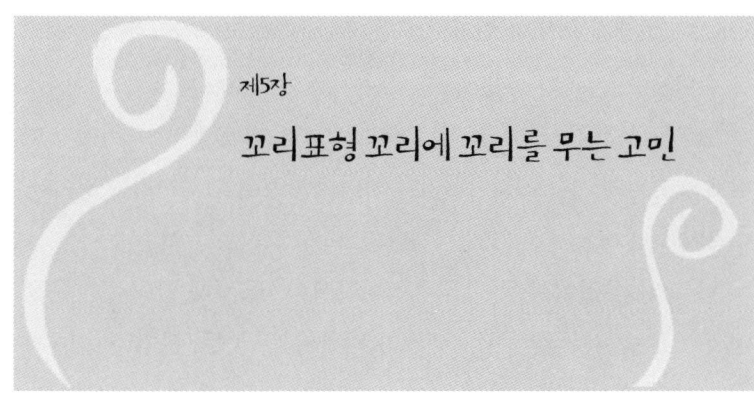

제5장
꼬리표형 꼬리에 꼬리를 무는 고민

고민의 꼬리표

"난 얼굴이 못생겨서 그만 지갑을 잃어버렸어요"라고 울먹이는 사람이 있다면?

"말도 안 돼요? 지갑을 잃어버린 거 하고 얼굴이 못생긴 거 하고 무슨 상관이 있는데요? 선생님, 지금 농담하세요?"라며 나에게 반문하는 독자도 있을 테지만, 이건 농담이 아니다. 정말 그런 고민에 휩싸여 괴로워하는 사람들이 있다.

"난 얼굴이 못생겨서 사람들이 다들 싫어해. 그래서 되는 일이 하나도 없어"라는 고민은 마치 자신이 걸치고 있는 웃옷에 붙은 꼬리표 마냥 그 사람과 늘 함께 한다. 취직 시험에 떨어져도, 애인이 없는 것도 다 못생긴 외모 탓이라며 모든 인간관계, 고민거리와 결부시키는 것이다.

'얼굴도 못생긴 내가, 뭘 하나 제대로 하는 게 있겠어. 그러니까 이렇게 칠칠맞게 지갑도 잃어버리지'라며 스스로를 납득시키는 것이다.

위의 사례가 너무 비약이 심하다면, 이런 꼬리표는 어떤가?

'난 교양이 없어서', '시골 촌놈이라서', '배운 게 없어서', '뚱뚱해서', '말솜씨가 없어서', '의지가 약하니까' 등등. 분명 이 가운데에는 남의 얘기가 아니라며 고개를 끄덕이는 사람이 있을 것이다.

이런 식으로 스스로에게 꼬리표를 붙인 다음, 거기에서 벗어 나오지 못하며 괴로워하는 것이 바로 '꼬리표형 꼬리에 꼬리를 무는 고민'이다. 물론 그 꼬리표를 붙인 건 바로 본인인데 말이다.

애초 인간의 형상이라고 할 수 없을 정도로 진짜 추남이냐, 추녀냐 하는 문제는 중요하지 않다. 즉, 그 꼬리표가 진실이냐는 그다지 중요한 문제가 아니다. 뭔가 일이 잘 되지 않으면 그 꼬리표에서 원인을 찾고, 점차 그 꼬리표가 자신의 모든 것을 좌지우지해 버리게 됨으로써 비참해지거나 우울한 감정에 빠지게 된다.

"그럼 그런 꼬리표를 떼버리면 되잖아?"라고 제삼자는 충고할 테지만, 그 꼬리표에는 강력한 접착제가 붙어 있어서 쉽사리 떨어지지 않는다.

여기에서는 한 여성을 통해 꼬리표형 꼬리에 꼬리를 무는 고민에 대해 생각해 보는 시간을 가질까 한다. 그녀는 원인 불명의 병을 앓고 있었는데, '자율신경실조증'이라는 병명이 그녀의 꼬리표였다.

여기도 쑤시고 저기도 쑤시고 - 야마이 씨

야마이 씨(58세)는 젊을 때부터 몸이 그렇게 튼튼한 편은 아니었다. 초등학교 때는 운동장 조회 시간에 쓰러진 적이 몇 번 있었고, 중·고등학교 때는 현기증과 두통으로 고생했다. 친구들과 여행이라도 갔다 오는 날이면 피로감을 견디지 못해 며칠을 끙끙 앓아 누운 적도 있었다. 하지만 병원에 장기 입원할 정도로 중병을 앓은 적은 없었다.

내과에 가서 정밀 검사를 몇 번 받기도 했지만, 그때마다 "별 이상이 없는데요"라는 담당의사의 무덤덤한 소견만 듣기 일쑤였다. 야마이 씨 스스로도 '그래 난 몸이 좀 약한 허약체질인가봐' 하며 더 이상 그것에 과민 반응을 보이지 않으며 지내게 되었다. 그렇게 세월은 흘러흘러 야마이 씨는 결혼을 해서 가정을 꾸리고 아이를 낳고, 사업하는 남편을 도우며 바쁜 나날을 지냈고, 그러는 동안에 자신의 건강도 까마득하게 잊고 지냈다.

그런데 요 몇 개월 전부터 어딘지 모르게 이상 증상이 하나 둘 나타나기 시작했다. 몇 해 전엔가 갱년기 증상으로 고생한 적은 있었지만, 그래도 이렇게 괴롭지 않았었는데…….

야마이 씨가 느끼는 증상은 다음과 같다.

_두통 : 머리 전체가 무겁다. 가끔 머리가 깨질 정도로 괴롭다.

_현기증 : 아침에 일어나면 머리가 핑 돈다. 방이 뱅글뱅글 돌 정도의 심

각한 어지럼증은 아니지만, 배를 탔을 때처럼 몸이 흔들흔들 거리는 것 같다.

_구토 : 식사와는 상관없이 토할 것 같은 느낌이 들어서 입맛이 없다. 하지만 실제 토를 하는 건 아니다.

_나른한 몸 : 마지못해 뛰는 오래달리기 선수처럼 몸이 천근 만근이다.

_두근거림 : 운동을 하지 않아도 심장이 벌렁벌렁. 맥박을 재 봐도 별 차이는 없지만 확실히 가슴이 두근두근 숨이 차다. 심할 때는 '심장이 폴짝폴짝 뛰고 있구나' 라는 자각을 할 수 있을 정도다.

_저린 몸 : 허리에서부터 양다리까지 찌릿찌릿 온몸이 저리며, 감각이 없을 정도로 둔해진다.

_냉증 : 손발과 등이 항상 싸늘하다.

_불면 : 잠을 이루지 못한다. 겨우 잠들었다 싶으면 2~3시간만에 깬다. 잠을 자도 잔 것 같지가 않다. 낮에도 항상 누워 있지만 잠은 오지 않는다.

_변비 : 4~5일만에 화장실을 가면 그나마 다행일 정도로 변비가 심하다.

정말 온갖 질병의 퍼레이드이다.

그나마 이런 증상이 매일같이 이어지는 건 아니다. 어쩔 땐 운 좋게도 몸이 가뿐한 날이 있다. 하지만 모든 증상이 덮쳐서 꼼짝달싹 못하는 날도 많다.

거듭되는 병원 순례

야마이 씨는 먼저 동네 내과를 찾았다.

의사는 "검사를 한번 해 보지요" 하면서 혈액검사와 심전도 검사를 했다. 특별한 이상은 찾을 수 없었다. 의사는 "피로가 쌓여서 그런 것 같은데, 며칠 푹 쉬어 보세요"라며 친절하게 이야기해 주었다. 하지만 의사의 이야기를 듣는 순간, 야마이 씨는 화가 나서 얼굴이 붉어졌다.

'아니, 완전히 돌팔이 아냐. 내가 피곤하다고? 애도 다 키워서 독립시키고 남편하고 둘이서 지내는데, 무슨 소리. 맨날 쉬는 게 일인데…….'

야마이 씨는 동네 병원이라서 뭔가 검사가 부족했을 거라고 확신했다.

'아니 이렇게 아파 죽겠는데, 나보고 병이 없다고? 말도 안 돼!'

그래서 이번에는 큰 대학병원을 찾았다. 거기에서는 위 내시경 검사와 홀터 심전도, 내분비 검사, 뇌 CT 촬영까지 철저하게 검사를 받았다. 하지만 이상은 전혀 발견되지 않았다. 담당의사는 말했다.

"야마이 씨, 검사상으로는 전혀 이상이 없으니 걱정하지 마세요. 혹시 너무 예민하게 반응하시는 건 아닌가요?"

그 의사의 말을 듣고 야마이 씨는 머리끝까지 화가 났다.

'아니 그럼 내가 지금 거짓말을 한다는 말이야 뭐야? 정말로 이렇게 아파 죽겠는데……. 아프지도 않는데 아프다고 거짓말할 사람이

어디 있어? 이렇게 비싼 검사까지 하면서…….'

그래서 다음엔 아주 용하다는 병원에 가보기로 했다. 그렇게 큰 병원은 아니었지만, 텔레비전이나 잡지에도 심심찮게 소개되는 유명한 병원이었다. 그 병원을 찾아가려면 야마이 씨 집에서 한 시간 넘게 차를 타고 가야 했지만, '그래 이번만큼은 꼭 원인을 찾아낼 거야. 병명을 반드시 찾아낼 거라고!' 하는 굳은 다짐으로 병원을 찾아 나섰다.

유명한 선생님은 굉장히 바쁜 것 같았다. 야마이 씨의 증상과 지금까지 받은 검사 차트를 훑어볼 뿐, 청진기도 대보지 않고서 "야마이 씨, 이건 정신적인 문제인 듯합니다. 정신과를 찾아보세요"라며 얼굴을 찌푸렸다.

야마이 씨가 '저, 선생님. 그러지 마시고 한 번만 더 자세히 봐 주세요.'라고 말하려는 순간, 그 의사는 마치 그런 야마이 씨의 마음을 꿰뚫고 있다는 듯, "같은 검사를 반복해 봤자, 무슨 의미가 있겠습니까? 괜히 돈만 들이지요. 간호사, 다음 환자 들어오시라고 해요"라고 매몰차게 말하는 것이었다.

병원 복도에는 50명이 넘는 환자가 줄을 서서 기다리고 있었지만, 그래도 야마이 씨는 의사의 일방적인 자세에 너무 화가 나서 참을 수가 없었다.

'그래도 어떡하랴. 유명한 선생님의 말씀인데' 하며 야마이 씨는 그 다음 날 바로 정신과를 찾았다. 그렇게 해서 내 진찰실까지 오게 된 야마이 씨는 나를 보자마자 이런 질문을 던졌다.

"선생님, ○○병원 선생님이 정신과에 가 보라고 해서 왔는데요. 제가 아픈 게 정말 정신에 이상이 있어서 그런 건가요. 그냥 기분 탓일까요?"

이 병원 저 병원 지칠 대로 지친 야마이 씨는 의사에 대한 불신과 정신과에 대한 거부 반응(정신과 진료에 대해 충격을 받는 사람들이 아직도 많다) 탓인지, 처음부터 나를 경계하는 눈빛이 역력했다.

그래서 나는 이렇게 대답해 주었다.

"아직 자세한 이야기는 듣지 않아서 뭐라고 드릴 말씀은 없지만, '기분 탓'으로 괴로워하는 환자는 일찍이 본 적이 없어요. 정신적인 것이 문제가 되어 증상이 나타나는 경우는 있지만, 그것과 기분 탓과는 하늘과 땅 차이지요."

마치 알쏭달쏭 선문답 같은 내 대답에는, '기분 탓'이라는 표현 속에 함축된 '증상 따위 애초에 존재하지 않았는데 당신이 만들어 냈다'는 뉘앙스를 부정하려는 의도가 담겨 있었다.

몸에서 마음으로

야마이 씨는 내 그런 의도를 읽었는지 다소 누그러진 목소리로 그동안의 경과와 증상을 자세히 말해 주었다. 나는 1시간 정도 고개만 끄덕이며 듣고 있었다.

야마이 씨가 말을 마치자 나는 천천히 입을 열었다.

"지금까지 검사를 받으신 걸로는 이상이 없으셨다니, 신체 의학상으로는 일단 커다란 문제가 없다고 봐도 무방할 것 같네요. 그러니 야마이 씨께서는 우선 병명 자체를 잊어 주세요. 물론 증상에 따라서는 검사로도 나타나지 않는 질병도 있어요. 그리고 아주 특수한 검사로 겨우 찾을 수 있는 병도 분명히 있고요. 야마이 씨의 몸에 대해서는 제가 항상 마음에 담고 있겠습니다. 그러니 야마이 씨는 병명에 대한 생각을 잠시 보류하도록 하세요."

"네……. 그런데 어떻게 하면 이걸 고칠 수 있을까요?"

야마이 씨는 본질적인 질문을 나에게 던졌다.

"우선은 몸과 마음이 서로 이어져 있다는 걸 이해하셔야 해요. 그래서 몸과 마음을 같이 진찰을 하는 겁니다. 먼저 불면증은 몸의 증상을 악화시키는 경우가 많으니까 가벼운 수면제를 처방해 드릴게요."

야마이 씨와 같은 타입의 병(이는 뒤에 구체적으로 설명된다)은 반드시 몸과 마음 양쪽으로 증상이 나오기 때문에 그 가운데 먼저 치료하기 쉬운 증상부터 시작하는 게 상식이다.

특히 불면증은 비교적 치료하기 쉬운 증상이다. 옛날과는 달리 부작용이나 습관성이 거의 문제가 되지 않는 훌륭한 수면제가 많이 나와 있다. 그 약을 이용해 수면이 개선되고 더불어 신체 증상도 호전되는 경우가 실제로 많다.

이렇게 해서 야마이 씨와 나의 만남은 시작되었다. 일단은 수면제로 불면 증상이 좋아져 그 점에서는 만족했지만, 다른 신체 증상은 전혀 차도가 없었다. 나는 긴장감을 갖는다는 의미에서 약간의 항불안제(불안을 완화시킬 목적으로 이용하는, 이른바 '안정제')와 만성적 신체 이상에 다소 효험이 있다는 한방제 등도 몇 가지 처방해 보았지만 역시 효과는 없었다.

내 진찰실을 찾은 첫 날 이야기했듯이, 나는 신체 이상에 대한 병명은 잠시 보류해 두고, 마음의 고민거리나 주변 상황 등에 관한 이야기를 하려 했지만, 야마이 씨는 자신의 신체 이상에만 온 신경을 곤두세우고 있었다.

그래서 야마이 씨는 나에게 "여기가 아픈데 괜찮을까요? 저기가 아픈데요" 하는 불안만 토로했다.

게다가 "마음이 중요하다는 건, 결국 괜스레 기분 탓에 그렇게 느껴진다는 것 아닌가요?" 하는 불신감도 지우려 하지 않았다.

나는 그런 불신감을 해소하려는 목적과 정성을 다한다는 의미에서 모든 검사를 추가해서 받게 했다. 그리고 다른 과에도 진찰을 의뢰했지만 결과는 역시 아무 이상이 없었다. 하지만 '치명적인 불치병에 걸린 건 아닐까?' 라는 야마이 씨의 불안은 전혀 사라지지 않았다.

그 불안은 '이렇게 아픈데, 병이 아니라고. 말도 안 돼. 불치병이 틀림없어' 라는 소박하고 단순한 생각에 근거하고 있는 만큼, 단단하고 굳건했다.

그런 굳은 생각 앞에서는 "몸에 병이 없어도, 마음이 아파서 증상이 나올 수도 있습니다"라는 설명이 전혀 먹힐 리가 없다. 원래 의

사라는 존재는 환자의 증상을 치유하지 못한다면 무슨 말을 해도 신용을 얻을 수가 없는 법, 그건 환자 입장에서 보면 너무나 당연한 일이다.

이럴 때 정신과 의사로서 어떻게 대처해야 될까? 정말 "시간이 약이다"고 말할 만큼의 인내가 필요하다. 딱딱하게 굳어 있는 생각을 갑자기 바꾸려는 건 무리다. 갑자기 바꾸려 든다면 초조감만 생기고 그런 초조감은 사태를 더욱 악화시키기만 할 뿐이다.

시간이 걸려도 이런 상황은 반드시 좋아진다고 믿고서 몸에서 마음으로 천천히 무대를 옮기는 것이 기본 전략이다.

자율신경실조증 진단

그러나 야마이 씨는 더 이상 내 진찰실을 찾지 않았다. 안타까운 일이었지만, '내가 환자를 편하게 해 주지 못하는 이상, 그것도 당연한 일 아닌가, 다른 병원에 가서라도 꼭 좋아지시길……' 하며 나도 야마이 씨 일은 잠시 잊고 있었다.

4개월 뒤 야마이 씨는 내 진찰실을 다시 찾아왔다.

"선생님! 정말 오랜만에 인사드려요. 죄송합니다. 근데 제 병명이 뭔지 찾았어요, 찾았어!"

"그래요? 정말 다행이네요. 근데 병명이?" 하고 말하면서 내심 '내가 뭘 실수를 했나 뭔가 빠트린 게 있었나' 하는 마음에 불안한 목소리로 물었다.

반면에 야마이 씨는 쌩쌩한 목소리로 "저 '자율신경실조증'에 걸렸대요!"라며 지난 4개월 동안의 경과를 들려주었다.

야마이 씨는 내 진료로는 별 성과가 없다고 판단하고 다시 병원 순례를 시작했다.

그러다 몇 번째 병원에서인가, "야마이 씨는 전형적인 자율신경실조증 증상을 보이는군요. 이는 자율신경이 실조해서 생기는 병입니다"라는 내과 의사의 진단을 받았던 것이다.

"그럼 치료는 어떻게 해야 되지요? 고칠 수는 있나요?"

"이 증상은 고치기가 굉장히 힘이 듭니다. 내과보단 정신과에 가 보시는 게 더 나을 것 같은데요."

야마이 씨는 그 대답에 오랜 체증이 쑥 내려가듯 가슴이 시원해졌다고 한다. 그리고는 '그 의사는 치료는 별로라도, 내 얘기도 잘 들어 주고 친절하니까 병명을 알려 주면 고쳐 줄지도 몰라'라는 생각에 나를 다시 찾게 된 것이었다.

나는 정말 쓴웃음을 지을 수밖에 없었다. '자율신경실조증'이라는 것은 무슨 병인지 잘 모르겠다는 말과 거의 같은 의미를 지니고 있다. 즉, 이 병명은 증상은 계속해서 나타나는데 검사를 해 봐도 전혀 이상이 없을 때 정말 궁여지책으로 불려지는 호칭인 것이다.

증상은 계속 나타나는데 아무리 검사를 해 봐도 이상한 점을 찾지 못할 때 의사로서는 정말 난감하기 이를 데 없다.

"이상이 없는데요"라는 사실만 전달하면 좋겠지만, 그것은 어디까지나 '증상이 나타난다'는 설명이 되지 못하고 의학적으로 이상이 없으니 그것을 치료할 방침도 세울 수 없다.

이 경우 야마이 씨의 경우와 마찬가지로 "그럼 내가 지금 거짓말하고 있다고요? 멀쩡한데 괜히 그렇게 느끼는 거라고요?" 하며 화를 낼 수밖에 없다.

그래서 이런 상황에서 결말을 짓는 방법 중 하나가 바로 그 상태에 이름을 지어주는 것이다.

"자율신경실조증입니다"가 바로 그에 해당되는 경우이다. 하지만 이 병명에 대한 특별한 검사법도 치료법도 특효약도 존재하지 않는다.

그런 의미에서 그 명칭은 '자율신경실조증'이 아닌 '원인 모를 증후군'이라고 해도 상관없다. 근거가 없다면 이름은 뭐라고 붙이든 중요하지 않은 것이다.

가끔씩 알 듯 모를 듯 어려운 이름을 달아서, 어떤 사태의 원인을 알게 된 것처럼 착각할 때가 종종 있다.

예를 들면 어떤 낡은 기계가 고장이 났다. 왜 고장이 났는지 알아보았더니 그 원인은 '기계 노화 현상'이라는 것이다. 모두가 "아 그래서 그랬구나" 하며 납득했다 하더라도 잘 생각해 보면 '기계 노화 현상'은 '낡아서, 오래되어서'라는 말을 그럴 듯하게 포장한 것에 불과하다. 진실은 아무 것도 밝혀진 게 없다.

원인 불명의 병에 이름을 붙인다는 것도 이와 마찬가지다. 게다가 질병의 경우, 병명을 알았으니까 치료도 할 수 있다는 기대감을 가질 수 있다. 하지만 구체적인 치료법을 제공할 수 없는 이상, 그 병명의 가치는 굉장히 낮아질 수밖에 없다.

'자율신경실조증'이라는 이름도 전신에 퍼져 있는 자율신경이 고장나서 여러 가지 증상이 나온 것이라는 추측만 가능할 뿐, 영양 실조처럼 어딘가 균형을 잃었다는 의미 이상은 아니다.

하지만 환자 입장에서 보면 이런 병명을 듣고서 '자율신경이 고장이 난 병이었구나' 하며 생각하는 사람도 있지만, 대개는 그렇게 깊이 생각하지 않는다. 대체로 '드디어 병명을 알았다'라고 생각하는 것이다.

이런 진단을 받은 사람은 야마이 씨처럼 여러 병원을 다녀 봐도 이상이 없다, 잘 모르겠다며 애매한 말만 듣다가 적어도 병명을 알게 되어 가슴이 좀 후련해지는 건 확실히 있을 것이다.

나는 내가 뭔가 빠트린 게 있었나 하며 흠칫 했지만 그 병명을 듣고 이내 실망감을 감추지 못했다. 야마이 씨는 그런 내 마음은 아랑곳하지 않은 채 말을 이어 나갔다.

"선생님, 왜 이 병명을 좀더 빨리 알지 못했을까요? 아니, 선생님을 원망하는 게 아니고요. 분명 찾아내기가 어려운 병이었을 테니까요……. 하지만 좀더 일찍 알았더라면 이렇게 오랫동안 고생하지 않아도 되었을 텐데 말이에요."

"어서 이 자율신경실조증을 치료해 주세요. 이 병은 정신과에서 고칠 수 있다고 들었어요."

그래서 나는 딱 부러지게 이렇게 설명해 주었다.

"야마이 씨, 자율신경실조증이라는 것은 아무리 검사를 해 봐도 이상이 없는데 증상은 계속해서 이어지는 경우에 임시방편으로 붙이는 이름이에요. 이 병은 본질적인 측면과 스트레스 즉, 마음의 상태와 깊은 연관이 있는 거니까 그런 면을 고려해서 치료를 해야 하지요."

내 말에 야마이 씨는 불만스런 눈치였다.

"저…… 그러니까, 내과 선생님은 분명 자율신경 질환이라고 말씀하셨어요. 근데 자율신경 치료는 하지 않으세요?"

"아뇨, 병이라고 생각해도 좋지만, 거기에 마음이 깊숙이 관여를 하고 있다는 겁니다. 그러니 그런 걸 다 포함해서 치료를 하겠다는 말씀입니다."

내 대답에 야마이 씨는 쉽게 물러서지 않았다.

"하지만 선생님, 그건 예전에 선생님이 하신 말씀과 똑같잖아요?! 전혀 차이가 없잖아요? 어떻게 병명을 알았는데도 그 치료를 해 주지 않으세요?"

"내과 선생님이 정신과에 가라고 하신 건 아무래도 마음도 관련이 있어서 그런 말씀을 하신 게 아니겠어요?"

야마이 씨는 더 이상 내 이야기를 들으려 하지 않았다.

"저, 선생님께서 기분이 좋지 않으시다는 건 잘 알겠어요. 병명을 다른 선생님께서 찾아냈으니 기분이 좋을 리가 없으시겠죠. 정말 실례되는 이야기인 줄은 알지만, 그 내과 선생님께 한 번만 전화를 넣어 주세요. 그래서 자율신경실조증 치료법을 물어 보시면 안 될까요?

저는 정말 선생님한테 치료를 받고 싶어요."

야마이 씨는 그렇게 "자율신경, 자율신경"을 외치며 자신의 주장만 되풀이할 뿐이었다.

꼬리표형 꼬리에 꼬리를 무는 고민의 구조

나는 그때 비로소 야마이 씨가 꼬리표형 꼬리에 꼬리를 무는 고민에 빠져 있다는 사실을 깨달았다. 야마이 씨는 문제 해결과는 전혀 상관이 없는, '자율신경실조증'이라는 꼬리표를 향해 뱅글뱅글 돌고 있었던 것이다.

왜 야마이 씨는 이 꼬리표를 찰싹 붙이고 있는 걸까?

내가 야마이 씨를 처음 만났던 날부터 누누이 얘기했던(야마이 씨는 그 부분이 제대로 납득되지 않았던 것 같지만) 바와 같이 야마이 씨와 같은 증상은 마음에 초점을 맞추어야 비로소 몸의 증상을 해결할 수 있는 경우가 많다.

일상생활, 라이프 스타일, 인간관계, 사물을 바라보는 관점 등을 다시 한 번 재고해 보는 것이 중요하다. 그렇지만 마음의 치료는 즉각적인 효과를 기대하기 힘들기 때문에 마음이 아닌 몸 어딘가에 원인을 찾아 구체적인 병명에 집착하게 된다.

그런 집착은 '마음에 초점을 맞춰도 소용없을 거야. 어쩔 수 없어, 방법이 없어!'라는 메시지로 발전될 수 있다.

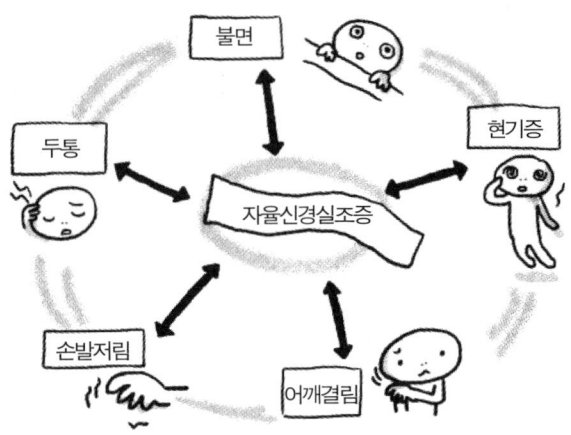

〈야마이 씨의 꼬리표형 꼬리에 꼬리를 무는 고민〉

    이런 사이클은 앞에서도 거론한 '얼굴이 못생겨서', '교양이 없어서' 등등의 꼬리표와 동일하다. 꼬리표는 '어쩔 수 없어, 방법이 없어!'라는 절망감과 이어질 수도 있지만, 반대로 '그래, 난 원래 그래, 그래 됐어'라는 묘한 안도감과도 연결이 될 수 있다. 그것이 병명이라면 더더욱 뭔가 면죄부를 얻은 듯한 심리 상태에 빠질 수도 있는 것이다.
    그런 꼬리표를 스스로에게 부착해 버리면 그것을 축으로 해서 모든 것을 생각하게 된다.
    그렇게 되면 다른 생각을 받아들이지 못하고 고리에서 빠져나올 수 없는 꼬리에 꼬리를 무는 사이클에 빠지는 것이다(무슨 일이든 어떤 증상이든 하나의 사실과 연관지어 버리고 상황에 따라 유연한 사고를 하지 못한다는 점에서는 '과거집착형 꼬리에 꼬리를 무는 고민'과 비슷하지만, 현재의 꼬리표가 모든 것을 좌우하며 거기에서 돌고 도는 점이 '과거집착형 꼬리에 꼬리를 무는 고민'과는 다른 차이점이라고 할 수 있다).

사태가 이쯤 되면 꼬리표는 마치 주문처럼 작용하게 된다. 주문은 실제로 해결을 선물해 주지 못하지만, '수리수리 마수리'를 외치면 왠지 그렇게 될 것 같은 상상에 빠질 수 있기 때문이다.

만병통치약 꼬리표

그렇다면 야마이 씨의 꼬리표를 어떻게 하면 좋을까? 이럴 땐 젖 먹던 힘까지 동원해 그 꼬리표를 잡아 떼기 보다는 기존에 붙어 있는 꼬리표 위에, 효험 있는 꼬리표를 살짝 덧붙여 주는 방법을 취하고 있다. 그러니까 주문 위에 다시 주문을 걸어서 처음 주문을 무효로 되돌린다고 할까?

나는 야마이 씨에게 '신체표현성장애'라는 만병통치약 꼬리표를 붙여 주려고 했다. 이는 '자율신경실조증'과는 달리 국제적으로 널리 통용되는 병명으로 '마음에 관심을 가져야 병을 고칠 수 있다'는 뉘앙스가 포함되어 있어서 야마이 씨의 치료에 큰 도움을 줄 거라고 생각했다.

야마이 씨에게 이런 병명을 제시하기 전에 우선 하나의 질병에 동시에 두 가지 병명이 붙을 수 있다는 사실을 납득시켜야만 했다. 이런 목적에서 내가 곧잘 이용하는 두 가지 병명은 '장소 병명'과 '원인 병명'이다. '장소 병명'은 앓고 있는 몸의 장소를 나타내는 명칭, '원인 병명'은 원인이 무엇인가를 나타내는 명칭이라고 생각하면 좋을 것이다.

예를 들면 감기의 경우, '장소 병명'은 '상기도(上氣道) 감염증'이다. 상기도 즉, 목과 편도선 등 상부 호흡기관계에 위치한 곳이 아프다는 의미이다.

이에 대해 '원인 병명'은 '감기바이러스 감염증'이 되는 것이다. 즉, 바이러스에 감염되었다는 뜻이다. 이와 같이 감기라는 질병 하나에도 관점에 따라서 동시에 두 가지의 병명을 달 수 있는 것이다.

야마이 씨에게도 이와 같은 방법을 사용해 보기로 했다.

나는 '장소 병명'과 '원인 병명'에 대해 천천히 설명한 다음 야마이 씨에게 말했다.

"야마이 씨의 '장소 병명'은 '자율신경실조증'이라고 할 수 있겠지요. 아무튼 자율신경이라는 장소가 아픈 것이니까요."

야마이 씨는 그런 내 표현에 흡족한 미소를 지어 보였다. 야마이 씨의 반응을 살핀 뒤 나는 지체 없이 말했다.

"그럼, '원인 병명'은 '신체표현성장애'라고 할 수 있겠죠."

야마이 씨는 호기심 어린 표정으로 내 다음 말을 기다렸다.

"신체표현성장애란 출발은 마음에서 시작했는데, 그 증상은 몸으로 나타나는 병을 말해요. 아시겠죠? 신체표현성장애가 원인이라는 걸 아셨으니까, 이걸 바로 잡는 게 자율신경실조증을 고치는 방법이라는 것을 이해하실 수 있을 거예요. 제가 처음부터 말씀드린 마음과 몸, 양쪽을 진찰한다는 건 바로 이런 거지요."

굉장히 돌려 말하는 것 같지만, 나는 이런 얘기를 야마이 씨에게 차분하게 설명해 주었다. 정성과 진심이 담긴 내 태도에 야마이 씨도 뭔가 느끼는 바가 있었는지, "그럼, 잘 부탁드립니다. 선생님께 치료를 부탁드리지요. 선생님만 믿겠습니다"라고 말했다.

나는 그런 야마이 씨의 말을 듣고, 너무 너무 기쁘고 고마워서 정말이지 손이라도 덥석 잡고 싶은 심정이었다.

신체표현성장애

여기에서 '원인 병명'으로 설명한 '신체표현성장애'란 일반인들에게는 거의 알려져 있지 않은 질병일 것이다. 하지만 실제는 굉장히 흔한 질병으로 내과, 산부인과, 정형외과 등을 찾는 환자 가운데 가장 흔한 병이라는 설도 있을 정도이다.

그렇게 흔한 병이지만 질병으로 인식되지 않아서 치료법이나 대책도 제대로 연구되지 않았다. 20년 전부터 국제적인 공통 병명으로 '신체표현성장애'라는 단어가 쓰이기 시작했으며 점차 일반화되고 있는 실정이다. 최근 들어 세계적으로 이 질병에 대한 연구가 시작되고 있다.

신체표현성장애에는 몸과 마음의 고리가 지대하게 영향을 끼치고 있다. 우리는 불안에 떨 때 심장 박동이 빨라지고, 어려운 거래처 사람을 만나거나 긴장하면 땀이 나온다. 스트레스를 받으면 설사, 혹은 반대로 변비에 걸리는 사람도 있다. 이는 누구나 체험하는 마음이 몸에 영향을 끼치는 사례이다.

이런 심신의 연결은 대개 자율신경을 매개로 이루어진다. 때문에 마음이 원인이 되어 생기는 신체적 변화는 '자율신경증상'이라고 부르는데, 이런 변화 자체는 정상적인 생리 반응이라서 병이라고는 할 수 없다.

그래서 이를 '증상'이라고 부르는 것은 따지고 보면 썩 적절한 표현은 못 된다. 더구나 '자율신경증상'이 계속해서 생긴다고 해서 그것을 '자율신경실조에 걸렸다'고 표현하는 건 옳은 표현이 아니다. 오히려 지극히 정상적인 반응이라고 해석하는 것이 옳은 표현이다.

문제는 자율신경이 아니라 그 바탕에 있는 마음이라고 생각한다. 이것이 신체표현성장애에 대한 내 기본적인 생각이다.

5가지의 신체표현성장애

신체표현성장애는 크게 5가지 유형으로 나눌 수 있다. '신체화장애', '전환장애', '심기증', '동통장애', '감별불능형 신체표현성장애' 가 바로 그것이다.

신체화장애란, 젊을 때부터 특별한 신체 이상이 없음에도 불구하고 다양한 질병을 떠올리게 하는 신체 부조화가 이어져 그런 신체 부조화 때문에 사회 적응을 제대로 하지 못하는 사람에게 내려지는 진단이다. 뒤에 나오는 진단 기준표에 명시된 기준 가운데에는 심리적 이상이라는 항목은 들어 있지 않지만, 성격이나 스트레스, 가정적인 요인 등이 크게 관여하고 있는 건 확실하다. 신체표현성장애 가운데에서는 굉장히 중증에 속하는 유형이지만, 특수한 케이스로 그 수는 그렇게 많지는 않다.

전환장애란, 신경질환과 아주 흡사하지만 실제로는 심리적인 요인으로 일어나는 것이다. 예로부터 '히스테리'라고 불리던 병이 이에 해당된다. 신경질환이라는 것은 뇌경색, 지주막하출혈, 뇌출혈, 혹은 특수한 변성질환(신경이 어떤 원인으로 변질되어 그 기능을 다하지 못하는 질병)으로 인해 신체의 일부가 움직이지 않거나 지각이 마비되는 질환의 총칭이다.

이 경우 진단 기준 가운데 '심리적인 요인이 관여하고 있다'고 명시되어 있는 것이 특징이다. 가장 전형적인 사례는 실연이나 자택 화재, 살인 목격 등의 커다란 쇼크를 경험한 뒤 얼마 동안 다리가 마비되어 걷지 못하게 되는 경우를 들 수 있다. 또 원치 않는 불행이 계속되어 목소리가 나오지 않는 실성증(失聲症)도 이와 비슷한 예이다.

이는 정신적인 쇼크로 생긴 증상이 확실한데, 보통은 시간 경과와 함께 수개월 뒤에는 자연 치유되어 간다. 그렇지만 경우에 따라서는 성격적인 요소가 연결되어 굉장히 오랫동안 해소되지 않는 경우도 있다.

이 케이스의 발병률은 문화·문명의 발전도와 상관 관계가 높다고 일컬어지고 있어서 고대사회에서는 자주 발생했지만, 현대 사회에서는 그리 흔하게 나타나지는 않는다고 여겨진다(물론 이런 상태를 보이는 사람이 원시적이라는 말은 절대 아니다).

심기증(心氣症)은 질병 노이로제를 말한다. 별로 아프지 않은데도 중병에 걸렸다는 생각에 빠져 걱정을 하고, 심하면 사회생활에 지장을 받는 경우이다.

가장 흔한 타입이 '암 노이로제'. 현대인은 암에 대해 특히 예민한 반응을 보이는데, 신문 지상에서 암의 초기 증상과 관련된 기사를 읽고 '아, 난 암이구나!' 하며 지레 겁을 먹는 것이다. 단순히 걱정에 그치는 것이 아니라, 병원 순례를 하며 그 걱정말고는 다른 데에 전혀 관심을 갖지 않고 중대한 사회기능장애가 나타날 때에 한해 '심기증'이라는 진단이 내려진다. 신체표현성장애 중 굉장히 빈도가 높은 편이다.

동통장애는 심리적인 요인으로 신체 어딘가에 지속적인 통증을 하소연하는 것으로 최근 급증하는 추세다. 특히 노년기에 접어들었거나 중년 여성의 경우 별다른 원인 없이 늘 혀가 따끔따끔 아프다는 '설(舌) 통증'을 호소하는 환자가 많은데, 이런 '설 통증'이 대표적인 케이스라고 할 수 있다.

왜 여성에게 많으며, 중년 이후에 많은가에 대한 확실한 근거는 알려져 있지 않지만 심리적인 요소가 크게 관여하고 있는 것으로 여겨진다.

또한 동통장애의 경우, 다른 신체표현성장애와는 달리 신체에 질병이 있어도 기준에 일치한다면 진단을 내릴 수 있다. 예를 들면 가벼운 '허리 헤르니아'가 굉장한 통증을 수반하면서 싫은 상사의 얼굴을 보는 등의 심리적인 요인이 더해지면 통증이 심해지는 케이스이다. 이런 경우에는 '정신적인 요인이 본래 증상을 더 심하게 악화시킨다'라고 파악해 신체표현성장애로 분류한다.

마지막 감별불능형 신체표현성장애는 앞에서 서술한 신체표현성장애에 해당되지 않은 기타 경우인데, 실제로는 신체표현성장애 대부분이 이에 해당된다. 왜냐하면 검사를 통해서도 두드러진 이상이 없는데도 불구하고 불편한 신체 증상이 이어지고 그렇다고 심기증도 아니고, 신체화장애 만큼 많은 증상이 나타나는 것도 아니며, 증상이 통증에 국한된 것도 아니고, 더욱이 증상의 원인이 심리적인 유인이라는 것도 확신할 수 없을 때에는 모두 이 '감별불능형'으로 분류되기 때문이다.

그렇다면 야마이 씨의 경우는 어디에 해당될까? 앞서 이야기한 바와 같이 이는 심기증의 전형적인 예이다. 야마이 씨의 경우, '뭔가 중병에 걸린 건 아닌가?' 라는 걱정에 휩싸여 아무리 합리적으로 설명을 해도 이해를 하지 못한다. 거기에 생각이 고정되어 있다는 점에서 심기증이라고 확실하게 진단 내릴 수 있는 것이다.

⟨신체표현성장애의 유형과 진단 기준⟩

어느 유형이나 A~C, 또는 A~D 항목을 모두 만족한 경우, 해당 진단이 내려진다.

▶ **신체화장애**

　A. 30세 미만에서 시작되어 몇 년에 걸쳐 지속된다. 이 때문에 사회 적응이 제대로 이루어지지 못한다.

　B. 검사를 해도 신체 질환을 발견할 수 없다.

　C. 지금까지의 경과 가운데, 아래의 증상을 모두 경험한 적이 있다.

　　· 4가지 부위(머리, 배, 등, 팔다리 등)의 통증.

　　· 2가지 위장 증상(통증 이외. 구토, 복부 팽만감, 설사, 변비 등).

　　· 1가지 성적 이상(성적 무관심, 생리 불순, 발기 불능 등).

　　· 현기증, 마비, 음식 섭취 곤란, 목소리가 나오지 않음, 소변이 나오지 않음, 지각을 느끼지 못함, 경련, 사물이 이중으로 겹쳐 보이는 등등 신경 질환을 의심케 하는 증상이 1가지 이상.

▶ **전환장해**

　A. 신경질환을 의심케 하는 감각 장애(지각을 느끼지 못하는 등), 수족 마비 등이 있다.

　B. 증상이 시작될 때 스트레스나 심리적인 요인이 관여한다.

　C. 이로 인해 사회 기능(업무, 학업 등)에 장애가 나타난다.

D. 검사를 해도 신체 질환을 발견할 수 없다.

▶ 심기증

A. 신체 증상을 통해 '뭔가 중병에 걸렸기 때문은 아닐까?' 라는 생각에 사로잡혀 심하게 걱정한다.

B. 이상이 없다는 진단이 내려져도 계속해서 걱정과 불안이 해소 되지 않는다.

C. 이로 인해 사회 기능(업무, 학업)에 장애가 나타난다.

D. 6개월 이상 지속된다.

▶ 동통장애

A. 1가지 이상의 장소에 통증이 이어진다.

B. 증상이 시작될 때 스트레스나 심리적인 요인이 관여한다.

C. 이로 인해 사회 기능(업무, 학업)에 장애가 나타난다.

▶ 감별불능형 신체표현성장애

A. 1가지 이상의 신체 증상.

B. 검사를 해도 신체 질환을 발견할 수 없다.

C. 이로 인해 사회 기능(업무, 학업 등)에 장애가 나타난다.

D. 6개월 이상 지속되고 있다.

미국 정신의학회 기준(『DSM-Ⅳ 정신질환의 진단·통계 매뉴얼』)을 기초로 간략하게 작성한 것

야마이 씨의 고독

나에게 치료를 부탁한다는 말을 했음에도 불구하고 야마이 씨는 자율신경에 대한 집착을 쉽게 버리지 못했다.

"선생님, 여기가 아파요. 저기도 불편한데요" 하며 신체에 대한 하소연이 진료 시간 내내 이어졌다. 그래서 나는 매 상담 때마다 시간을 반으로 쪼개어 전반부에는 '자율신경실조증 치료'라는 의미에서 야마이 씨의 신체 증상에 귀 기울였으며, 후반부에는 '신체표현성장애 치료'라는 뜻에서 현재 가정 상황에서부터 이야기를 끄집어내려 했다.

야마이 씨는 현재 남편과 둘이서만 함께 지내고 있었다. 부부에게는 31살의 미혼인 딸이 있었는데, 3년 전부터 싱가포르 회사에 근무하는 관계로 거의 집에는 다녀가지 않는다고 했다. 남편은 사업가로 지금은 새로운 사업을 준비하느라 바쁘다고 했다. 가족 근황으로 미루어 집안에 큰 문제는 없는 것 같았다.

다만 야마이 씨의 증상에 대해 남편은 거의 무관심한 듯했다. 원래 야마이 씨가 젊을 때부터 여기저기가 아프다며 앓아 누운 적이 많아서 '뭐 또 어디가 아픈가 보지' 하며 진지하게 생각하지 않는다는 것이다.

야마이 씨 또한 그런 가족들의 무관심을 크게 문제삼지 않았으며 "남편도 자기 생활이 있으니까요"라며 당연하게 받아들이는 것 같았다.

나는 남편과 자신의 생활을 별개의 것으로 인식하고 있는 야마이 씨의 대답에서 부부간의 틈을 눈치챌 수 있었다.

야마이 씨와 진솔한 대화 시간을 가지면서, 그녀의 남편(64세)이 평범한 인물이 아니라는 사실을 알게 되었다. 항상 꿈을 쫓아 이 사업, 저 사업을 벌려 보았지만 번번이 실패를 거듭했다고 한다. 그 사업이라는 것도 라면 가게, 전기 부품점, 낚시 도구점 등 동에 번쩍 서에 번쩍하는 식이었다.

원래 부모에게 물려받은 유산도 있었고, 형제들의 원조도 있어서 사업을 벌려 나갔지만, 거듭되는 실패에 형제들도 하나 둘 등을 돌리고, 자연히 생활은 쪼들리게 되었다.

남편은 같은 실패를 되풀이해도 뭔가 깨닫는 바가 없었다고 한다. 더욱이 사업을 새로 시작할 때마다 자금 조달이라는 명목 하에 경마나 복권에 손을 대는 도박광적인 면도 있었다. 어쩌면 사업을 시작한 것도 도박을 즐기듯 무계획과 한탕주의에서 비롯된 것인지도 모른다.

야마이 씨는 사업을 시작할 때마다 필사적으로 남편을 도왔다. 사업에 대한 원대한 포부를 이야기하는 남편을 보면서 그런 남편의 꿈을 실현시켜 주고 싶다는 아내로서의 바람도 있었고, 한편으로는 여자나 술에 놀아나지 않는 성실한 남자로 믿음이 갔기 때문이다.

하지만 사업 실패가 이어지면서 남편은 성실한 노력가가 아닌 뜬구름만 잡으려는 도박광이라는 사실을 알게 되었다.

물불을 가리지 않고 남편 일에 매달려 온 야마이 씨에게 남편은 고맙다는 말도, 미안하다는 말도 그 어떤 인사도 건네지 않았다. 남편은 원래 자기밖에 모르는, 그런 이기주의가 몸에 밴 사람이었던 것이다.

그래서 야마이 씨는 밑 빠진 독에 물 붓기를 그만두고 파트타이머로 일하기 시작했다. 아르바이트라 해도 야마이 씨는 최선을 다해 열심히 했다. 원래 야마이 씨는 능력 있는 일벌레였다. 덕분에 수입도 꽤 짭짤했지만 그래도 생활은 좀처럼 넉넉해지지 않았다.

야마이 씨에게는 애착 대상이 하나 더 있었는데, 그건 바로 자녀교육이었다. 야마이 씨는 딸의 교육만큼은 확실하게 시키고 싶었다. 남편은 자녀 교육이 어떻게 되든 전혀 관심 밖이었기 때문에 야마이 씨는 거의 혼자서 딸의 학비를 마련해 일류대학에까지 진학시켰다.

야마이 씨는 딸이 좋은 학교에 들어가서 능력 있는 남자를 만나 결혼했으면 하는 간절한 소망이 있었다. 그것은 분명 불행한 자신의 결혼 생활을 답습하지 않게 하기 위해서였다. 야마이 씨는 학력이 그 시금석이 될 수 있다고 생각했다. 하지만 딸이 대학을 졸업할 즈음의 상황은 그렇지 않았다.

야마이 씨의 딸은 엄마의 마음을 헤아릴 줄 아는 효녀였지만 외국계 회사에 덜컥 취직하더니 회사 지원으로 미국 대학에 유학을 떠나기로 했다며 엄마에게 거의 일방적인 통보만 했다. 그래서 야마이 씨는 화도 나고 진부한 옛날 사고방식으로 이렇게 타일렀다.

"뭐라고! 여자가 공부해서 무엇에 쓰려고? 여자 팔자는 뒤웅박 팔자야. 그저 좋은 남자 만나 결혼하는 게 제일이야, 이것아!"

하지만 이런 생각이 딸에게 먹힐 리 없었다. 딸은 오로지 커리어우먼을 꿈꾸며 미국 유학길에 오르게 된다.

남편은 딸의 그런 태도에 반대는커녕 오히려 "그래, 하고 싶은 일을 하면서 살아야지"라고 넓은 이해심을 발휘하는 듯했다. 하지만 야마이 씨 입장에서 보면 역시 가정은 관심 밖이고 자기일밖에 모르는 무능한 사람일 뿐이었다.

그렇게 딸을 보내고 야마이 씨는 2년을 견뎌 냈다. '공부를 마치고 돌아오면 정말 좋은 남자를 만나겠지'라는 일념 하에……

하지만 야마이 씨의 그런 간절한 소망은 철저히 배신을 당하게 되고 만다. 변함 없이 남편은 사업 준비를 한다면서 껄렁껄렁 지내고, 공부를 마치고 귀국한 딸은 일에 미쳐서 결혼은 안중에도 없었던 것이다. 물론 식구들 간의 대화 시간은 거의 없었다.

그런 가운데 딸은 회사를 그만두고 싱가포르 회사에 취직하겠다는 폭탄선언을 하게 된다. 해외 거래처 담당 부서에 있을 때 싱가포르에 자주 출장을 가곤 했는데, 그때 현지 회사로부터 스카웃 제의가 있어서 국제 비즈니스 우먼으로 자신의 실력을 시험해 보고 싶다는 것이었다. 이는 야마이 씨로서는 상상도 할 수 없는 발상이었다. 더구나 자신에게 한 마디 상의도 없었다.

야마이 씨는 기를 쓰고 반대했지만 오히려 반대가 더 큰 역효과를 일으켰다.

"그러다 정말 처녀귀신 되려고 그래?"

그 말을 들은 딸은 어처구니없다는 표정으로 아무런 미련 없이 싱가포르행 비행기에 올랐다. 남편은 여전히 '그래, 하고 싶은 일하며 살아야지' 라는 반응일 뿐…….

　야마이 씨는 이 세상에 혼자가 된 것 같았다. 딸 교육에만 평생을 매달려 왔건만 모두 수포로 돌아갔다. 야마이 씨는 마음을 터놓고 얘기할 상대도 없었다. 물론 남편은 아무런 의지 상대가 되지 못했다. 야마이 씨가 불평을 늘어놓아도 "뭐, 어쩔 수 없잖아. 그런데 있잖아 이젠 휴대폰 시대니까 그런 판매점은 어떨까? 괜찮을 것 같지 않아?" 하며 여전히 사업 이야기만 끄집어낼 뿐이었다.

　그러는 동안 야마이 씨는 자율신경실조증, 아니 신체표현성장애로 고통을 호소하게 된 것이다.

몸의 외침

　야마이 씨는 외로웠다. 남편과는 부부가 아닌 단순 동거인이라고 할 만큼 마음이 멀어져 있었고, 의지하던 딸에게도 버림받은 처지가 되었다. 그것도 자업자득이라는 자책감만 앞선다.

　이 고독은 쉽게 아물 수 있는 성질의 것이 아니다. 야마이 씨는 지금까지 필사적으로 일과 딸에게 매달리며 취미 생활 같은 건 꿈도 꾸지 못했다. 친구나 친척에게 하소연하는 건 '내 얼굴에 침 뱉는 격이지' 하며 혼자서 끙끙 앓는 스타일이었다.

　이럴 때 신체 증상이 하나 둘씩 나타나기 시작했다. 즉, 불편한 마음을 대신해 몸이 소리를 지르며 외치고 있는 것이었다.

신체표현성장애에서 나타나는 신체 증상에 대해 '기관 언어(器官言語)'라는 사고방식이 있다. 이는 '마음이 원인이 되어 신체 증상이 나타나는 경우, 그때 증상은 마음의 외침을 상징한다'는 설이다.

이런 사고방식에 적용시킨다면 야마이 씨의 두통은 남편의 가능성 없는 사업이 늘 두통의 씨앗이라고 생각할 수 있고, 현기증은 딸의 돌출 행동, 구토는 속이 메스꺼울 정도인 남편의 이기주의, 두근거림은 다음에 또 무슨 일이 일어날지 몰라 가슴 조이며 불안해하는 불안감, 손발 저림과 냉증은 가족의 싸늘한 행동에 대한 보복, 변비는 해답이 보이지 않는 폐쇄감을 대변해 주고 있다고 해석할 수 있다. 다소 비약이 심해 보일 수도 있지만, 임상 경험을 근거로 이런 해석은 굉장히 타당성이 있다.

집안에서 심각한 고부간의 갈등을 겪고 있던 한 여성의 예를 들면 고부간의 갈등에 남편을 휘말리게 한 것에 대한 죄책감을 느끼고, 불평불만을 계속해서 참아 오다가 진짜 목소리가 나오지 않게 되어 버렸다. 즉, 이 여성에게 있어서 실성증은 '난 말해서는 안 돼'라는 마음의 외침인 것이다.

영업직이 성격적으로 전혀 맞지 않는 한 세일즈맨이 계속되는 구토로 괴로워했다. 이 세일즈맨에게 있어서 '구토가 날 정도로 싫은 일'이 문자 그대로 구토 증상을 유발하게 된 것이다.

원인 불명의 전신 통증으로 괴로워하던 어떤 사람은 근처 이웃과의 트러블이 이어져 이사를 가려고 해도 갈 수 없는 처지가 되자

'몸을 갈기갈기 쥐어뜯고 싶을 정도로' 고통이 심화되었다는 사례도 있다.

야마이 씨의 몸은 '남편은 너무해. 딸은 더 심해. 이젠 어떻게 하지? 어떻게 살아가야 하지?'라고 외치고 있는 것이다.

물론 야마이 씨가 일부러 '이렇게 아파야지'라고 의식해서 그런 증상이 나온 것은 아니다. 앞서 예로 든 사람들도 마찬가지이지만 '불평 불만을 큰소리로 떠들고 싶다, 크게 외치고 싶다, 그렇게 외칠 수 있다면 얼마나 속이 후련할까?'라는 생각을 자꾸만 억누르고 억눌러서 의식의 세계로 떠오르지 않게 부단히 노력하고 있었다.

그것이 야마이 씨 나름대로의 필사적인 방어이며 오랜 습관이었다. 하지만 거기에는 무리가 따르며, 그 무리를 몸이 대변해 주는 것이라고 할 수 있다.

관심의 무대를 옮기자

내가 지금부터 이야기할 야마이 씨의 치료 과정은 대부분의 꼬리표형 꼬리에 꼬리를 무는 고민의 치료와도 연결되는 부분이다.

야마이 씨가 돌고 돌고 돌아 내 진찰실을 다시 찾았다는 사실에서도 알 수 있듯이, 그 치료는 쉽지 않은 긴 시간이 걸리는 여정이었다. 그렇지만 야마이 씨가 '신체표현성장애'라는 병명을 받아들여 주었기 때문에 그때부터는 치료에도 희망의 빛이 보이기 시작했다.

계속 거듭되는 이야기지만, 치료의 가장 첫걸음은 몸에서 마음으로 관심의 무대를 옮기는 일이다.

환자는 반드시 신체 증상을 나타내고 있다. 어디에 가더라도 마치 여권을 제시하듯 무의식 속에서 자신의 증상을 주장한다.

그것은 마음의 외침이지만 본인은 그것을 자각하지 못한다. 아니 자각하고 싶지 않은 것이다. 스스로를 주장하는 건 바람직하지 못하다고 생각하거나 주장하기에는 역부족이라고 생각한다. 모두 스스로에 대한 자신감이 기본적으로 부족한 것이다.

그래서 몸이 대신 주장하고 있는 것인데, 그런 점을 지적하며 "언어나 행동으로 좀더 자신 있게 자기 주장을 하세요"라고 충고해도 전혀 의미가 없다.

무의식 세계에 잠겨 있는 심리를 지적 당하면 치명적인 상처를 들쑤신 꼴이 되어 심한 경우, 감정적인 반발이 생기는 경우도 있다. 이때 몸을 무시하는 것은 아니지만, 일단은 잠시 보류해 두고 실제 생활상의 고민이나 상황을 화제로 삼는다. 그러면 그 사람의 배경에 있는 고독의 실상이 떠오르는 경우가 많다.

야마이 씨의 경우도 이런 방법을 취했다는 것은 앞에서 설명한 그대로이다. 야마이 씨가 처한 상황을 내가 알게 된 것도 야마이 씨 스스로 조금씩 털어놓았기 때문이다.

제삼자, 특히 마음의 건강 전문가에게 말한다는 것은 단순히 '수다 떨었다'는 것 이상으로 효과를 가져온다. 즉, 말로 토해냈을 뿐인데도 마음은 마음으로 외치는 것이다.

따라서 몸의 역할은 그만큼 줄어들게 된다. 내가 야마이 씨의 마음의 이야기를 듣는 동안, 정말 신기하게도 신체 증상은 눈에 띄게 회복되고 있었다.

커뮤니케이션을 바꾸어 본다

하지만 본질적인 문제는 아직 개선되지 않았다. 고독을 어떻게 다루느냐가 핵심 명제이다. 고독이란 대인관계와 관련된 문제이기도 하다.

인간은 군중 속에서도 고독을 느낀다. 그럴 때 주위에 문제가 있는 경우도 있고, 받아들이는 스스로에게 문제가 있는 경우도 있다. 또한 대인관계라는 말 그대로 주변과의 교류 속에서 상처가 생겨나 고독을 느낄 수도 있다.

이런 모든 상황을 약간 떨어진 시점에서 객관적으로 바라보며 자신의 대인관계를 재고해 보는 것이 고독에 대한 대책의 첫걸음이다.

야마이 씨의 경우, 대인관계의 포인트는 남편 그리고 딸과의 관계이다. 이 두 사람과의 관계를 보면 가족이긴 하지만 커뮤니케이션이 제대로 이루어지지 못하고 있음을 알 수 있다. 그야말로 몸이 대신 십자가를 지고 항거했지만, 그 몸의 시도도 성공하지 못했다.

왜 신체표현성장애가 발생하는지를 추궁해 보면, 어떤 사정으로 자기 주장을 펼치지 못하는 사람이 주위의 주목을 끌기 위해서라는 측면이 강하게 나타나는데, 야마이 씨의 경우 아무리 몸이 크게 소리를 질러도 남편과 딸이 관심을 가져 주지 않았다.

그러다보니 몸 입장에서 보면 '내 목소리가 너무 작았나? 좀더 소리를 높여야겠군' 하며 여러 증상이 나오게 되는 것이다(몸은 그 이외의 다른 방법을 알지 못한다).

하지만 거듭되는 몸의 외침은 오히려 "엄마는 맨날 아프다고 앓는 소리만 해" 하며 주위와의 커뮤니케이션을 더욱 악화시켜서 결과적으로는 심한 악순환에 빠지게 하고 만다. 사태가 이쯤 되면 천천히 휴식을 가지며 다른 커뮤니케이션 방법을 고안해 낼 필요가 있다.

앞에서 "자기 주장을 하세요"라는 어드바이스는 별로 성과가 없다고 했다. 그렇다고 야마이 씨의 몸과 같이 대인관계의 구조를 무시한 채 자기주장만 하면 오히려 상대로부터 반발만 사고, 성과를 전혀 올릴 수 없다. 하지만 현실을 파악한 다음, 문제의 초점에 맞추어 주장을 한다면 효과적인 커뮤니케이션을 취할 수도 있다.

야마이 씨와 남편의 관계는 지금은 물과 기름처럼 되어 버렸지만, 젊었을 때는 같이 장사를 하며 서로 돕던 시절도 있었다. 그런 좋은 부부관계가 거듭되는 남편의 실패로 야마이 씨가 남편을 포기하면서 서로가 각자의 길을 가게 된 것이다.

야마이 씨가 남편을 무시하며 자신의 일에 분발하는 동안 가정은 제대로 그 기능을 다하지 못했을 법한데, 남편은 이 점을 어떻게 생각하는지 궁금했다.

남편은 전혀 타격을 받지 않았을까? 남편의 냉정한 성격을 보면 혼자서 하는 걸 더 기뻐했을까?

나는 야마이 씨에게 다음과 같은 질문을 던졌다.

"남편 되시는 분은 지금 새롭게 시작하려는 사업을 야마이 씨가 좀 도와 주었으면 하고 바라는 건 아니세요? 만약 야마이 씨가 도와 준다고 하면 기뻐할까요?"

"그건 물어 보나 마나 한 이야기예요. 항상 도와 달라는 말을 입에 달고 사는 사람이니까요. 하지만 제가 싫어요. 그 사람하고 같이 일 하는 거, 정말 넌덜머리나요. 이 나이에 그 사람한테 맞춰서 또 그렇게 살고 싶진 않아요"라며 야마이 씨는 완강하게 거부했다.

나는 야마이 씨에게 남편과 꼭 사업을 같이 하라는 말을 하려는 건 아니었다. 남편과의 커뮤니케이션을 재고할 수 있는 계기가 여기에 있지 않을까라는 생각을 했던 것이다.

"그럼 남편과의 이혼은 생각해 보셨나요?"

"지금까지 참고 살았는데, 이 나이에 무슨……. 하려면 진작에 했어야죠."

이 이야기는 야마이 씨의 진심이었을 것이다. 그렇다면 커뮤니케이션을 다시 재확립하는 방법밖에 없으리라.

나는 그 재확립 수단으로 조건부 투쟁을 제안했다.

"당신 일을 도와 주는 건 좋지만, 그러기 위해선 내 몸이 먼저 좋아져야만 해요"라는 이야기를 남편에게 꺼내 보자고 했다. 몸이 주장하는 바를 커뮤니케이션 언어로 살짝 치환한다는 셈이다.

야마이 씨는 썩 내키지 않아 했지만 남편에게 말해 보겠다고 했다. 남편은 오랜만에 부인의 적극적이고 긍정적인 태도에 기뻐하며 "그래, 그럼 어떻게 하면 몸이 좋아지는데?" 하며 물어왔다고 한다.

그래서 야마이 씨는 다짜고짜 "병원에 같이 가 줘요"라고 대답했다고 한다. 이는 정말 명석한 판단이었다.

이렇게 해서 야마이 씨 부부는 함께 내 진찰실을 찾게 되었다. 나는 진찰 시간마다 몸 이야기와 아울러 부부 커뮤니케이션의 중요함을 설명하고 사업에 대해서 잘은 모르지만 그것이 현실적으로 가능한지 어떤지 부부가 서로 대화를 통해 결정해야 한다고 이야기해 주었다.

그리고 그때까지 야마이 씨로부터 전해들은 남편 이미지는 인간성이 황폐화된 이기주의자로 여겨졌지만, 실제 남편을 만나 이야기를 나눠보니 따뜻한 인정이 엿보이는 사람이었다. 그렇다면 남편을 잘 설득해서 치료에 더욱 박차를 가할 수 있을지 모른다고 생각했다.

실제 이를 계기로 부부의 원활한 커뮤니케이션은 뜨거운 논쟁으로까지 이어지곤 했는데, 그것은 병에 관한 이야기가 아니라 오로지 사업에 관한 이야기였다.

그리고 3개월이 지났다. 야마이 씨 부부는 새로 시작하려는 사업은 두 사람의 나이를 생각한다면 무리수라는 결론에 이르렀다고 했다. 그리고 이어지는 야마이 씨 이야기에 정말 눈물이 핑 돌 정도로 나는 감동했다.

"이젠 노후도 걱정되고, 얼마 남지 않은 인생 즐겁게 살아야지요. 그래서 싱가포르에 있는 딸한테 남편이랑 같이 여행 삼아 다녀올까 해요. 딸과 함께 장래 이야기도 서로 나누고……."

지금까지 야마이 씨는 외국에 있는 딸을 방문한다는 생각을 한 적이 없었다. 그만큼 야마이 씨 생각이 유연해졌으며, 남편과의 커뮤니케이션이 좋아진 덕에 딸과의 관계 회복도 생각할 만큼 마음의 여유를 찾은 것이다.

물론 야마이 씨 입에서 더 이상 "여기가 아파요. 저기가 쑤셔요"라는 신체 증상의 하소연은 나오지 않았다.

적극적인 의미의 체념

지금까지 야마이 씨의 사례를 통해 꼬리표형 꼬리에 꼬리를 무는 고민의 해결법을 살펴보았다. 이런 방법은 다른 꼬리표형 꼬리에 꼬리를 무는 고민의 해결에 힌트가 된다.

즉, 도움이 되지 않는 꼬리표 위에 조금이라도 효험 있는 다른 꼬리표를 붙이는 것이다.

예를 들면 '우락부락한 내 얼굴'이라는 꼬리표 위에 '남자답게 생긴 내 얼굴'이라는 꼬리표를 달아주면 어떨까?

이는 언뜻 보기에는 말장난 같지만, 처음 꼬리표와는 상당히 다른 의미를 갖는다. 뭔가 다른 대응법을 생각할 수 있기 때문에 도움이 된다.

예를 들면 '남자답게 생긴 내 얼굴'이라면 '그 나름대로 매력 있네' 라는 생각을 가질 수 있을 것이다. 더 나아가 '남자답게 생긴 사람은 워낙 야성미가 넘치다 보니, 지갑을 떨어뜨릴 수도 있지 뭐' 하는 여유 있는 생각을 할 지도 모른다.

여기에서 내가 말하고 싶은 바는 무조건 낙천적인 단어로 바꾸라는 이야기가 아니다. 다른 가능성을 열 수 있는 꼬리표를 다시 부착하자는 것이다.

다만 모든 꼬리표형 꼬리에 꼬리를 무는 고민과 신체표현성장애를 앓는 환자가 야마이 씨처럼 다 호전되는 건 아니다. 신체표현성장애를 단독으로 치료하는 일은 굉장히 어렵다.

야마이 씨의 경우처럼 인간관계의 재구축, 끈질긴 격려자가 나타나 고독이 해결되는 과정이 필요하다. 그렇지만 이미 상황은 거의 최악이나 다름없어서 해결 곤란한 경우가 대부분이다. 그럴 땐 '체념'이 가장 중요하다.

체념이라고 하면 마치 절망에 빠지라는 말같이 들릴지 모르나, 여기서의 체념은 적극적이고 긍정적인 행동이다.

컴퓨터를 사용하다 보면 가끔 프로그램 명령이 그 기능을 하지 못해 작업이 멈춰 버리는 현상이 생긴다. 여러 가지 프로그램이 서로 충돌을 일으켜 일시 멈춤이 되어 버리는 것이다. 이럴 땐 리세트(reset) 버튼을 누르고 다시 컴퓨터를 재부팅하는 수밖에 없다.

재부팅하면 바로 직전에 작업한 업무는 날아가 버릴지 모르지만,

컴퓨터는 다시 잘 움직이게 된다. 체념이라는 것은 바로 이 리세트와 같은 것이다. 인생의 리세트 버튼이다.

　최악의 상황에서는 일단 체념하지 않으면 길이 없다. 인간에게는 아집이라는 녀석이 있어서 체념을 기피하지만, 그래도 체념해야 될 때는 그냥 놓아주어야 한다. 집착에서 절망이 싹틀 때가 있고, 체념에서 희망이 보일 때가 있다.

　신체표현성장애의 경우 적극적인 체념을 통해 증상이 개선되는 경우가 상당히 많다. 이것은 내 임상 경험에서 비롯된 것으로, 꼬리표형 꼬리에 꼬리를 무는 고민의 해결법과도 연결되는 것이다.

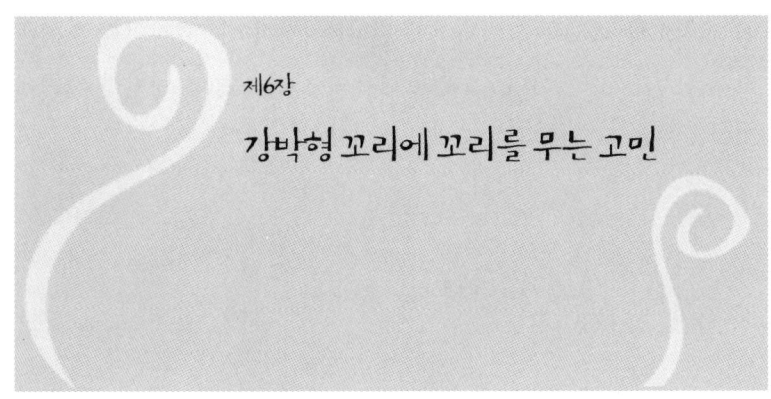

제6장
강박형 꼬리에 꼬리를 무는 고민

의미 없는 인생은 없다지만

우리는 생산적이고 의미 있는 일을 시간 낭비하지 않고 해야만 한다. 이것은 누구나 지향하는 바이지만, 매순간 이를 실천하기란 그리 쉬운 일이 아니다.

'아이 참 내가 왜 그랬지' 하며 뻔히 알면서도 가치 없고 의미 없는 일에 시간을 낭비해 버린다. 그것이 인간이다.

그런데 이런 난센스가 생활의 대부분을 차지한다면 역시 문제가 아닐 수 없다. 본인 스스로도 '다시는 그러지 말아야지' 하면서 골백 번 더 결심한다.

항상 하지 말아야지, 끊어야지 하면서 그러지 못한다. 그래서 그것이 미치도록 괴로운 고민거리가 된다. 이것이 바로 '강박형 꼬리에 꼬리를 무는 고민'이다. 그러면 다음의 사례를 통해 강박형 꼬리에 꼬리를 무는 고민에 대해 자세히 알아보기로 하자.

남에게 상처를 주면 안 되는데 - 고다 씨

어느 기업체의 경리부에 근무하던 고다 씨(36세)는 구조개혁에 회오리 속에 명예퇴직을 당하고 택시 운전을 시작했다. 하지만 고다 씨는 이 택시 일도 한 6개월 정도 하다가 그만두고, 지금은 실업자 신세다. 고다 씨가 집에서 빈둥빈둥하게 된 데에는 그만한 이유가 있었다.

고다 씨에게는 아주 고약한 버릇이 있었다. 택시 운전을 하다 보면, 노면이 고르지 못한 곳에서는 약간씩 차가 들썩일 수도 있고, 의자에서 소리가 날 수도 있다. 하지만 그럴 때마다 고다 씨는 사람을 친 건 아닌지, 다른 차와 부딪친 건 아닌지 하는 걱정과 불안에 휩싸였다.

물론 인명사고나 접촉사고를 낸 적은 한 번도 없다. 항상 안전을 확인하고 신중하게 운전대를 잡는다. 하지만 고다 씨는 차에 조금만 흔들림이 있어도 차에서 내려 안전을 직접 두 눈으로 확인해야 했고, 그렇지 않으면 불안과 초조가 해소되지 않았다.

달리다가 뭔가 이상한 낌새를 채면 다시 그 장소로 돌아가서 사고가 났는지 어떤지를 확인한다. 한 번의 확인으로 그친다면 그나마 다행이었다. '조금 전에 확인했지만 내가 못 본 게 있을 지도 몰라' 하며 다시 그 장소에 가서 살펴본다. 고다 씨 자신도 '이 바보, 멍청아! 사고는 무슨 사고가 났다고 그래?!' 하며 머리를 쥐어뜯지만 그래도 직접 두 눈으로 확인하지 않으면 다른 일을 할 수가 없다. 그런 일이 하루에도 몇 번이고 되풀이 되었다.

그나마 혼자 차를 몰 때는 다행이지만, 손님을 태우고 있을 때 이런 증상이 나타나면 그때는 정말 심각한 사태에 빠지고 만다. 손님을 태우고 다시 왔던 길을 되돌아갈 수는 없으니 그때부터 고다 씨는 입이 바짝바짝 마를 정도로 안절부절 좌불안석이 되는 것이다.

고다 씨 머릿속에는 오로지 '내가 사고를 내진 않았나?' 하는 생각밖에 없다. 운전대를 잡은 손은 땀으로 미끌거리고, 더 이상 견디다 못한 고다 씨는 뒷좌석 손님에게 이렇게 묻는다.

"저, 손님. 저 정말 죄송합니다만, 조금 전에 제가 혹시 사람을 치진 않았습니까?"

"뭐라고요?"

손님들이 깜짝 놀라는 것도 당연하다. 그중에는 "됐어요, 여기서 세워 주세요. 별 이상 사람 다 봤네" 하며 도중에 내리는 손님도 있고, "이상한 운전사가 운전대를 잡고 있소" 하며 택시협회에 전화를 거는 손님도 있었다. 그나마 마음씨 좋은 손님을 만나는 날이면, 고다 씨를 이렇게 안심시켜 줄 때도 있었다.

"아뇨. 무슨 그런 말씀을……. 기사님, 걱정 마세요. 기사님도 참 굉장히 조심 운전을 하시나 보네요."

하지만 고다 씨는 손님이 그렇게 호의적으로 나오면 이상하게도 한 번 더 확인을 구하고 싶어지는 것이다.

"정말이지요? 사고가 나지 않았다고 한 번 더 말씀해 주시면 안될까요?"

사태가 이쯤 되면 아무리 사람 좋은 손님이라도 바로 택시를 세워 달라며 화를 버럭 내게 되는 것이다.

이런 트러블이 있을 때마다 고다 씨는 심한 자책감에 휩싸인다. 다시는 바보 같은 짓을 저지르지 말자고 맹세하지만, 다시 그런 상황에 부딪치면 똑같이 행동하고 만다. 자기혐오에 빠져서 어떻게 해서든 이런 나쁜 버릇을 고치고 싶다는 생각이 떠나질 않는다. 하지만 고다 씨로서는 도저히 고칠 방법을 찾지 못하고, 택시 운전을 그만두었다.

사실 고다 씨에게는 택시 운전을 하기 전부터 그런 버릇이 있었다. 발 디딜 틈 없이 붐비는 도심 한가운데에서 다른 사람과 살짝 부딪치기만 해도 '혹시 그 사람 다치진 않았을까?' 하며 걱정이 되어서 그 장소에 다시 가서 확인을 해 보는 것이다. "조금 전에 여기에 사람이 쓰러지진 않았습니까?" 하며 지나가던 행인에게 확인을 구하고, 그 행인이 별일 없었다고 하면 그제서야 안도의 숨을 쉴 수 있었다.

고다 씨는 부인과 7살, 4살 된 아이가 있는 평화로운 가정의 가장이었다. 물론 집안에서도 그런 버릇은 나온다. 아이와 함께 목욕탕에 들어가서 목욕을 하며 자상한 아빠 노릇을 한다.

거기까지는 좋은데, 목욕을 마친 뒤, "저 녀석 귀에 혹시 물이 들어간 건 아닐까? 중이염에 걸리면 어떻게 하지?" 하며 꼬리에 꼬리를 무는 걱정이 시작되는 것이다. 그럴 땐 한밤중이라도 손전등을 가져다 아이 귀에 물이 들어갔는지 어떤지를 몇 번이고 확인해야만 한다.

거기다 부인을 깨워서 "괜찮겠지? 중이염에 걸리는 건 아니겠지?" 하며 몇 번이고 묻고 또 묻는다. 부인도 그런 고다 씨의 성격을 잘 알고 있긴 하지만 그래도 너무 집요하다 싶으면 소리를 버럭 지를 때도 많다.

강박형 꼬리에 꼬리를 무는 고민

그렇게 해서 고다 씨는 내 진찰실을 노크하게 되었다.

"저 선생님, 정말 이 바보 같은 버릇을 고칠 수 있을까요?"라며 너무너무 진지하고 공손하게 묻는 고다 씨!

고다 씨의 고민은 전형적인 강박형 꼬리에 꼬리를 무는 고민이다. 지금까지 나온 꼬리에 꼬리를 무는 고민의 경우 심리학적 증상인 꼬리에 꼬리를 무는 고민과 의학적 병명이 완전히 일치되는 것은 아니었지만, 이 강박형 꼬리에 꼬리를 무는 고민의 경우, 그 정도가 심하다면 의학적 병명은 거의 '강박 장애'에 해당된다. 그러니 이번 장에서는 '강박 장애'와 '강박형 꼬리에 꼬리를 무는 고민'를 거의 같은 의미로 사용하기로 하겠다.

강박 장애는 예전에는 희귀한 병으로 취급되었지만, 최근 미국, 유럽 등의 조사에 따르면 유병률 2~3%로 알려져 있다.

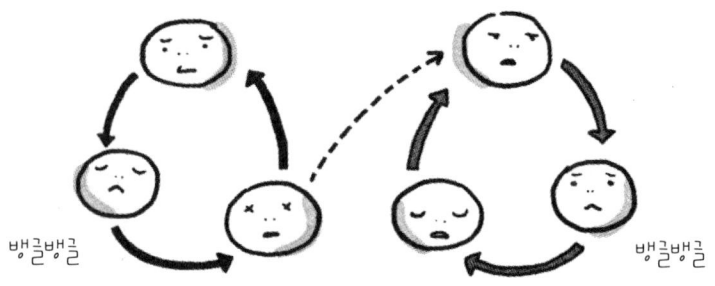

〈고다 씨의 강박형 꼬리에 꼬리를 무는 고민〉

즉, 그다지 희귀 병이 아니며, 주위에 많은 사람들이 이 질병으로 고생하고 있다는 것이다.

이 타입의 경우, 아래의 그림처럼 뱅뱅 돌고 있는 건 같은 생각이다. 여러 가지 생각이 얽히고 설켜 다시 원점으로 돌아오는 갈등형 꼬리에 꼬리를 무는 고민이나 과거 사건이나 잘못된 생각을 중심으로 여러 증상이나 사건이 돌고 도는 과거집착형 · 꼬리표형 꼬리에 꼬리를 무는 고민과 달리 이 강박형 꼬리에 꼬리를 무는 고민은 한 가지 주제에 매달려 돌고 도는 단순한 고리이지만 이 고리에서 탈출했나 싶으면 다시 다른 고리가 시작되어 버리는 것이다.

마치 지옥의 무간도에 빠진 것처럼 고리에서 탈출하지 못하고 에너지를 소모하고 만다. 그런 점에서 꼬리에 꼬리를 무는 고민 가운데서도 가장 지옥 같은 고통을 경험하는 유형이라고도 말할 수 있다. 여기에서는 강박 장애에 대한 일반적인 증상에 관해 살펴보고자 한다.

<강박장애의 진단기준>

아래의 몇 가지 사항이 원인이 되어 일상 생활에 중대한 지장을 초래할 때 강박 장애로 진단을 내린다.

A. 스스로도 불합리하고 바보 같은 짓이라고 느끼며, 그런 자신의 행동을 항상 반성하더라도 현실 생활의 고민과 직접 관련이 없는 생각이 자꾸만 밀려와서 그것을 떨쳐 낼 수 없다.

B. 예를 들면 손을 자주 씻거나, 물건을 항상 원 위치에 두어야 하거나, 확인을 하는 행동이나, 숫자나 언어를 마음속에 반복하며 남에게 되묻는 행위를 반복하지 않으면 불안해서 견딜 수가 없다.

강박장애의 유형

강박 장애란 바보 같은 짓이란 걸 뻔히 알면서도 집착하고, 끊어야지 끊어야지 하면서도 끊지 못하는 병이다. 그 집착 대상은 사람에 따라 각양각색인데, 몇 가지 유형으로 나누어 보면 다음과 같다.

고다 씨와 같이 실제로는 아무 일도 일어나지 않았는데 사소한 일로 누군가에게 상처를 주지 않았을까 걱정하는 것을 '가해 강박'이라고 부른다. 가해 행동을 걱정할 뿐만 아니라 가해하지 않았음을 확인하는 행위가 수반되는 경우가 대부분이다. 또한 타인에게 그 확인을 강요함으로써 주위 사람들로부터 빈축을 사게 된다. 강박 장애로서는 흔히 볼 수 있는 유형이다.

빈도 면에서 따지자면 '세정 강박'이 가장 많이 볼 수 있는 유형이다. 이는 불결 공포증에서 발전한 것으로 뭔가에 닿기만 하면 거기에 세균이 붙어 있지 않을까 걱정이 되어 손을 씻는다. 손을 씻은 뒤 수도꼭지를 잠그면 이번에는 수도꼭지에 붙어 있던 세균이 의심스러워 다시 또 손을 씻게 된다. 겨우 손 씻기를 끝내나 싶으면 이번에는 타월이 염려스러워 다시 손을 씻으러 간다. 정말 몇 시간이고 그렇게 손을 씻고 있다. 손 씻기말고는 다른 어떤 행동도 할 수 없다. 손을 너무 자주 씻어서 심하면 손이 갈라지고 터져서 피가 나온다. 그래도 그만두지 못한다.

물론 스스로도 불합리하고 비합리적인 행동이라는 걸 너무나도 잘 안다. 설사 세균이 붙어 있다 하더라도 우리의 몸에는 저항력이 있어서 세균을 삼켰다 해도 그다지 문제가 되지 않는다. 운이 나쁘면 배탈이 날 정도. 그런 이론은 머리로 잘 이해하고 있다. 그러나 세균 생각에 사로잡히면 거기에서 탈출할 수가 없다. 탈출할 수 없으니 계속 손만 씻고 있을 수밖에……

다음에 많은 것은 '확인 강박'이다. 누구나 외출을 할 때 문단속을 하게 된다.

"잠깐만, 내가 문을 잘 잠그고 왔나? 안 되겠어. 다시 가서 확인해 보고 올게!"

여기까지는 지극히 정상적인 행동이다. 하지만, "아니 잠근 것 같긴 한데, 아무래도 내가 제대로 잘 확인을 하지 않은 것 같아. 안 되겠어. 다시 가 봐야겠어……"라며 약속 시간에 아랑곳없이 왔다갔다 한다면 강박 행위에 시달린다고 볼 수 있다.

그렇게 확인을 하고 나서 다시 염려스러운 목소리로 "아니, 아냐. 내가 잘못 봤는지도 몰라. 다시 한 번 더 가서 확인해야지!" 한다면 이건 완전히 강박 장애이다. 심한 경우에는 하루 종일 왔다갔다만 하는 사람도 있다.

'호기심 강박'이라는 것도 있다. '왜 그럴까? 왜 그렇게 됐지?' 하며 생각의 꼬리를 문다. 스스로 거기에 납득할만한 원인을 찾지 못하면 안절부절, 다른 일을 할 수가 없다.

예를 들면 길을 걷다가 빨간색 우체통을 발견했다고 가정하자. '어, 이상하네. 왜 우체통은 빨간색이지? 파란색이면 안 돼? 왜 그렇지?' 하며 점점 패닉 상태에 빠지는 것이다.

물론 '우체통이 빨간색이든 파란색이든 녹색이든 내가 알 바 아니잖아. 나하고 상관없는 일이잖아!' 하는 것은 누구보다 자신이 잘 알고 있다. 그러나 의문점에 대한 답을 내지 못하면 절대로 다른 생각을 할 수가 없는 것이다. 그러다 드디어 답이 나왔다.

'아하, 빨강이 제일 사람들 눈에 잘 띄어서 그런 거구나. 그래서 빨간색이구나!' 하며 드디어 '탈출!' 하고 선언하게 되는 것이다.

그런데 호기심은 거기서 그치지 않는다. '왜 전봇대는 동그란 거지? 그러고 보니 네모난 전봇대는 한 번도 못 봤네? 그리고 왜 저렇게 높아? 꼭 저렇게 높아야만 해? 그리고 덕지덕지 붙어 있는 저 포스터는 다 뭐야? 분명 벽보 금지라고 적혀 있는데 말이야. 도대체 왜 붙인 거지?'

30분 정도 전봇대 앞에 꼼짝 않고 서서 생각의 꼬리를 물다가 겨우 이렇게 결론을 내린다.

'전봇대가 둥근 건 사람들이 혹시 부딪쳐도 크게 다치지 말라고 그런 거구나. 그리고 전봇대가 낮으면 사람들이 감전사 당할 지도 모르니까. 그렇지만 포스터는 분명 금지야. 금지.'

그러다 그것도 잠시! '어, 그런데 분명히 금지된 사회 규칙인데 왜 저렇게 위반하는 사람이 많을까?'

하지만 이번 문제는 그리 간단하게 답을 낼 수가 없다. '이상하다. 세상 말세인가! 우리나라 교육이 잘못되어 그런 건가? 뭐야 뭐가 잘못된 거야?' 하며 "바보 같이 지금 뭐 하는 거야?"라고 소리를 질러도 탈출의 기미는 보이지 않는다.

강박형 꼬리에 꼬리를 무는 고민의 심리

이런 강박 장애와 유사한 것으로 '중독증'이 있다. 스트레스 해소를 위해 나쁜 걸 뻔히 알면서도 불필요한 쇼핑에 빠져 버리는 '쇼핑 중독증', 술을 끊지 못하는 '알코올 중독증', 컴퓨터 게임에 빠지는

'게임 중독증' 등이다. 이는 어떤 종류의 쾌락에서 벗어나지 못하는 것이지만, 스스로가 끊어야 한다는 사실을 잘 알고 있고, 뱅글뱅글 같은 행위에 집착한다는 점이 강박 장애와 유사하다. 그래서 요즘에는 다양한 중독증을 강박 장애의 사촌쯤으로 인식하는 관점이 대두되고 있다.

이런 형태의 뱅글뱅글은 어리석은 생각이긴 하지만, 절대 '망상'은 아니다. 예를 들면 세정 강박의 경우, '누군가가 날 해치려고 내 손에다 독극물을 던졌다'고 생각하지는 않으며, 호기심 강박 역시 '누군가 이런 생각을 하게끔 외부에서 조작하고 있다'고 생각하지 않는다. 어디까지나 생각하는 것은 자신의 마음이며 그것이 현실과 맞지 않는 비합리적 사고라는 것도 잘 알고 있다. 알면서 고치질 못한다.

강박형 꼬리에 꼬리를 무는 고민에 빠져 있는 사람들은 나름대로 대책을 세우고 빠져들어 간다. 고다 씨의 경우와 같이 다시 그 자리로 돌아가서 살펴보는 방법이다. 단지 그런 행동이 일회성에 그친다면 문제가 되지 않겠지만, 몇 번이고 반복되고 그렇게 반복해도 말끔하게 해소되지 않는다. 그래서 스스로도 괴롭지만 주위 사람도 힘들어지는 것이다. 그럼 반복 횟수를 정하면 되지 않느냐고 반문할 지도 모른다. 그렇지만 이런 꼬리에 꼬리를 무는 고민에 빠지면 마음이 후련해질 횟수를 정하지 못한다. 반대로 '100번 다시 가서 확인해야지'라고 한다면 정말 엄청난 사태가 되는 것이다.

또 한 가지 해소법은 다른 사람에게 물어서 확인한다는 방법이다.

이것도 고다 씨가 시도하고 있는 방법인데, 역효과를 부르기란 마찬가지이다. 타인까지 끌고 들어가 타인에게 엄청난 피해와 불쾌감을 안겨 줄 수 있기 때문이다.

대인관계에 대해 덧붙이자면 강박 장애에 빠진 사람은 대인관계에서 그리 심한 갈등을 가지고 있지는 않는다. 보통 노이로제는 타인과의 관계 때문에 그것이 괴로워서 생겨난 것이다. 지나치게 예민하거나 소심하거나 타인으로부터 상처받기 쉬운 것이 고민의 씨앗인 것이다. 그러나 강박 장애에 빠진 사람은 그렇지 않다. 극단적으로 말하자면, 타인은 아무래도 좋으며, 자기 내부 속의 질서가 문제인 것이다. 그렇다고 해서 냉혈한이거나 파렴치한이라는 얘기는 아니다. 자기 자신의 질서에 너무 열심히 따르다 보니 주위에 신경을 쓸 여유가 없는 것이다.

강박 장애의 발생 원인

강박 장애의 발생 원인에는 여러 학설이 있어서 다양한 입장에서 설명이 이루어지고 있다. 그리고 아직 확실하게 증명된 것은 아니지만 점차 그 윤곽이 확실하게 드러나고 있는 단계이다.

우선 심리학적인 설명으로는 가장 고전적인 가설로 '어린 시절 엄격한 부모 아래 지나치게 엄격한 가정교육을 받았기 때문에 성인이 되어서 완벽을 추구하며 집착하는 인간이 되었다'는 견해가 있다.

하지만 강박 장애에 빠진 사람들의 부모를 조사한 연구에 따르면 반드시 그런 것은 아니며 가정 내에서의 특별한 특징이 존재하는 것은 아니라는 결과가 나왔다.

원래 강박 증상의 본질은 사물을 빈틈없이 정확하게 한다는 것이 아니다. 앞에서 그림을 통해 본 강박형 꼬리에 꼬리를 무는 고민의 구조를 보면 알 수 있듯이 정확성보다는 무의미한 집착이 문제인 것이다. 예를 들면 손을 씻고 또 씻는 세정 강박증 환자의 경우, 언뜻 우리가 생각하기에는 자신의 주변을 항상 청결하게 할 것 같지만 오히려 반대인 경우가 더 많다.

즉, 손 씻는 행위 이외에는 굉장히 무감각한 경우가 많다. 방청소는 물론이고 정리정돈도 관심 밖이다. 그런 점에서 봐도 강박 증상은 정확성이나 가정교육과는 본질적으로 다른 현상인 것이다.

그렇다면 강박형 꼬리에 꼬리를 무는 고민의 밑바탕에는 어떤 심리가 존재할까? 이는 스스로에게 자신감이 없다는 것이다. 앞에서 소개한 과거집착형 꼬리에 꼬리를 무는 고민의 경우에는 자기애가 지나치게 강해서 현실과 조화를 이루지 못하는 양상을 보이는 구조였지만, 강박증의 경우는 그 반대로 '나는 별 볼일 없는 놈이다, 어떤 일이든 간에 나는 제대로 해내는 게 없다고 자책한다. 이런 자기부정으로 인해 자신의 행위 결과가 바람직하지 못하다고 믿고 끊임없이 확인하는 행동을 되풀이하는 것이다. 물론 이는 무의식 과정에서 생기는 현상이지만 자기 자신에 대한 불확실성은 강박증 배경에 반드시 존재하고 있다.

그렇다면 자기 불확실성은 왜 생길까? 이 문제는 아직 규명 단계이지만 다양한 뇌 기능의 실조라고 추측하고 있다. 이를테면 뇌 전두엽의 기능 저하로, 동작에 대한 단시간의 기억이 상실되며 머리로는 '나는 분명히 했다'고 생각하지만 몸이 했다고 받아들이지 않기 때문에 확인을 구하는 행동을 되풀이한다는 것이다.

나는 개인적으로 '성취감 결여설'로 이 강박 장애를 해석하고 있다.

사람이 뭔가를 해내면 '해냈다'는 성취감이 생긴다. 하지만 그것이 뭔가의 이유로 약해져서 이루지 못한 성취감을 요구하는 행위로 강박 증상이 나온다는 가설이다. 중독증의 경우도 마찬가지 구조로 생각할 수 있다. 쇼핑, 도박, 알코올 등의 쾌락을 통해 성취감을 얻지만, 그것이 지속되지 않게 때문에 다시 성취감을 구하는 행위가 되풀이된다는 것이다.

이런 내용은 대뇌생리학에 기초한 가설로 이 책의 목적과는 다소 동떨어지지만, 강박 장애의 치료는 이런 방향이 주류를 이루고 있으며 다음에 소개할 치료법과도 연결되는 것이다.

강박형 꼬리에 꼬리를 무는 고민의 치유

그럼 강박 장애, 즉 강박형 꼬리에 꼬리를 무는 고민을 치유하는 방법을 고다 씨의 경우를 통해 살펴보기로 하자. 여기에서는 약물 요법과 행동조정 요법의 조합이 매우 중요하다.

 강박 장애에 있어서 약물요법은 최근에 와서야 급속하게 발전을 거듭하고 있다. 사실 10년 전만 해도 강박 장애에서는 약은 별로 그 효과를 기대하기 힘들다고 생각했다. 하지만 조금씩 약물 요법에 대한 논문이 등장하고 임상 현장의 일부에서 사용되기 시작함으로써 확실한 효과가 입증된 사례가 나오게 되었다. 처음 사용된 것은 클루미프라민이라는 약이었다. 이는 확실한 효과를 올릴 수 있었지만, 부작용이 심해서 실제 사용하기는 곤란할 정도였다. 하지만 그 뒤 SSRI라고 불리는 약이 등장해, 그 효과가 입증되었다. 이 약은 무엇보다 부작용이 적고(전혀 없는 건 아니다. 구토가 복용 초기에 나타나기 쉽다), 독성이 거의 없어서 복용하기 쉽다는 점에서 인정을 받았다. 몇 년 전부터는 일본 후생성에서도 처음으로 강박 장애 치료제로 건강보험 적용을 인정했다.

 나는 우선 고다 씨에게 SSRI를 처방하기로 했다. 처음에는 다소 구토 증상을 보였지만, 며칠 지나자 구토가 가시고 4주 뒤에는 약효가 나타나기 시작했다. 물론 그것은 일상 생활 속에서 변화를 자각할 수 있는 수준은 아니다. 고다 씨의 최초의 변화는 내 진찰실에서 나타났다.

 고다 씨는 처방전을 받으면 반드시 몇 번이고 되풀이해서 "저, 선생님, 이 약 식후에 먹는 거지요?" 하며 질문을 한다.

 "네, 맞습니다. 식사하시고 나서 드세요."

 그런 내 대답을 듣고 자리에서 일어나는가 싶으면 다시 똑같은 질문을 한다.

"저, 근데 분명히 약은 식후라고 말씀하셨지요?"

"네, 맞아요, 고다 씨. 식사하신 뒤 꼭 챙겨 드세요!"

물론 재방송은 아직 끝나지 않았다.

"저 딱 한 번만 더 여쭤보고 싶어서 그러는데요. 정말 밥 먹고 나서 먹는 거죠?"

'고다 씨, 지금 나랑 뭐 하자는 거예요? 도대체 몇 번을 이야기해야 되겠어요' 라고 화를 낸다면 그건 프로가 아니다. 그래서 나는 "네, 고다 씨 식후에 드세요!"라고 대답한다. 이런 질문과 대답이 대여섯 차례 반복된다. 심할 때는 일단 병원 문 밖을 나서다가 되돌아와서 다시 진찰실을 찾을 때도 있다.

고다 씨는 괴로운 듯 말한다.

"늘 똑같은 걸 여쭤 봐서 너무너무 죄송하지만요. 혹시라도 만에 하나 착오가 생겼을까 봐, 혹시라도 제가 잘못 들었으면 어쩌나 너무너무 걱정이 돼서요. 약을 제때 못 먹으면 정말 큰일나잖아요. 그래서 이렇게 묻고 또 묻고 그러네요. 정말 죄송합니다. 제 마음 속에서도 '참자, 참자, 참아보자' 그러는데도 정말 잘 안 되네요."

두 말할 필요도 없이 강박형 꼬리에 꼬리를 무는 고민에 빠진 것인데 이런 반복 횟수가 고다 씨 증상의 바로미터가 되는 것이다. SSRI를 복용한 뒤 그 횟수가 눈에 띄게 줄었다. 물론 같은 질문은 계속되었지만 고작해야 두세 번, 어쩔 때는 한 번에 그치는 적도 있었다.

그래서 나는 고다 씨에게 이런 질문을 던졌다.

"고다 씨, 요즘 질문 횟수가 눈에 띄게 줄었어요. 어떻게 스스로 의식해서 참고 계신 건가요?"

"예, 실은 그래요. 요즘은 '참자, 참자' 그렇게 결심한 뒤에 따르는 고통이 조금 줄어든 것 같아요. 그래서 이렇게 한 번만 물어 봐도 되고요."

폭로반응방해법

그 즈음 나는 강박 장애 치료에서 가장 일반적으로 행해지는 '폭로반응방해법'을 시도해 보았다. 이는 이름이 좀 길어서 어려운 얘기 같지만, 그 논리는 간단하다. '취약한 장면에 노출시켜 거기에서 파생되는 생각이나 행동을 저지시키는 훈련'이다. 이 방법의 포인트에는 몇 가지가 있지만 우선 기초가 되는 원리를 설명하면 다음과 같다.

강박 장애에서는 어떤 상황과 장면에 대한 걱정이 생겨서 그것 때문에 불안한 감정이 싹트게 된다. 그리고 그 불안을 해소하기 위해 즉각 어떤 행동을 취한다. 안타깝게도 그 행동이 상황에 따라서는 부적절하다. 부적절하지만 일단은 어느 정도 불안이 누그러진 것처럼 느껴진다. 그래서 그 행동에 집착하게 되는데, 결과는 더욱 부적절한 상황에 빠져 버리게 되는 것이다. 그래서 불안이 심화되고 다시 부적절한 행동으로 악순환이 거듭된다. 이런 꼬리에 꼬리를 무는 구조의 고리를 어떻게 끊느냐가 문제인데, 여기에서는 최초에 생긴 불안은 어디까지나 일시적인 것이며 참으면 시간이 지나면 누그러진다는 점에 주목한다. 이 단계에서 부적절한 행동을 멈추고 가만히 감정이 정리될 때까지 기다린다. 만약 감정의 정리를 체험할 수 있다면 이어지는 꼬리의 꼬리를 무는 악순환의 패턴도 방지할 수 있다는 것이다.

또 한 가지 포인트는 처음 단계에서는 반드시 전문가와 함께 하는 것이다. 이를 혼자 시도하려고 하면 '그래 참아야지, 참아야지……. 아, 못 참겠다'가 되고 마는 것이다. 그래서 처음 단계에서는 도움을 주는 사람, 그것도 전문가의 도움이 필요한 것이다.

이때 약의 도움도 필요하다. 처음에 생기는 불안은 아주 강렬한 것이라서 약으로 다소 완화시킬 필요가 있다. SSRI는 불안에 대한 효과도 강해서, 이점에서 도움이 된다. 따라서 이 방법은 어느 정도 효과가 나온 단계에서 실행에 옮겨야 한다. 나는 고다 씨에게 이 폭로 반응방해법의 원리를 설명해 주고 시도해 보기로 했다. 진찰실에서 강박 행동이 나타날 때 시도하기로 한 것이다.

예를 들면 이런 식이다. 고다 씨가 "약은 식후에 먹는 거라고 하셨죠?"라는 질문을 했을 때, 나는 "그렇습니다"라고 대답한 뒤 "그럼 고다 씨, 다음 질문은 입 밖으로 내지 말고 그대로 꿀꺽 삼켜 보세요. 어떠세요? 어떤 기분이 드세요?" 하며 반대로 질문을 했다.

"예? 방금 뭐라고 질문을 하셨지요? 제가 정신이 없어서……. 다시 한 번만 말씀해 주세요?"

"정신이 없는 건 조금만 있으면 사라질 겁니다. 어떠세요?" 하며 나는 아무렇지도 않은 듯 되물었다.

"아뇨, 선생님! 불안해요!"라고 고다 씨는 대답했지만, 몇 분 뒤에는 "네, 조금 안정이 된 것 같아요" 하며 안도의 표정을 지었다.

이와 같은 훈련을 진료 시간에 반복하면서 고다 씨는 질문을 반복하지 않아도, 시간과 함께 불안이 자연스레 소멸될 수 있다는 사실을 학습하게 되었다. 하루가 다르게 차도가 나타나는 건 아니지만, 2~3개월이 지나자 점점 고다 씨는 자신감을 얻게 되었다. 그래서 나는 가정에서도 이 방법을 시도해 보라고 권했다. 이는 전문가를 떠나 조종사의 처녀비행이 되는 셈이다.

고다 씨와 내가 서로 대화를 나누며 결정한 '표적 행동'은 매일 아침 쓰레기 버리는 행동이었다. 고다 씨는 매일 아침 쓰레기 버리는 것을 하루 일과의 시작으로 확실하게 쓰레기통에 버렸는지, 쓰레기봉투는 찢어지지는 않았는지, 혹시 쓰레기봉투가 찢어져 이웃에게 악취를 풍기지는 않았는지, 그 악취가 원인이 되어 전염병이 도는 건 아닌지 등으로 걱정의 꼬리를 이어나가고 있었다. 그런 걱정에 고다 씨 부인도 질려 버려서 "당장 그만 둬요. 이제부턴 절대로 당신이 버리지 말아요." 하며 버럭 화를 냈다.

나는 이 쓰레기 버리기를 제안했다. 부인도 많이 지쳐 있는 것 같았고, 부부 관계도 다소 삐거덕거리는 것 같아서, 먼저 가정 내에서 눈에 띄는 변화가 필요하다고 생각했기 때문이다.

고다 씨는 쓰레기를 말끔하게 버린 것을 확인했다. 방에 들어오자 아니나 다를까, '내가 잘 버렸나. 쓰레기봉투는 찢어지지 않았나?' 하는 생각에 사로잡혔지만 '확인했잖아. 분명히 내가 확인했어' 라고 생각하기로 했다. 그렇지만 불안감이 가시지 않아 부인에게 확인을 구했다. 처음에는 이런 실패도 몇 번 있었지만 그래도 고다 씨는 포기하지 않았다.

드디어 고다 씨는 한 가지 방법을 생각해 냈다. 전철 기관사처럼 체크 포인트를 손가락으로 가리키며 "좋아!" 하며 좀 큰 목소리로 쓰레기 봉투를 확인하는 방법을 시도해 보기로 했다. 물론 수신호를 취해도 눈으로 확인하는 것 이상의 효과가 있는 건 아니다. 하지만 그런 액션을 통해 확실히 했다는 규칙이 생기는 것이다. 이것은 어디까지나 포즈에 지나지 않은 일종의 의식이지만, 그것이 사회적으로 받아들여질 수 있다면 이런 의식은 기대 이상으로 효과가 있다. 즉 강박 행위라는 의식에서 보다 사회적으로 받아들여지기 쉬운 의식으로의 전환을 도모한 셈이다.

기관사나 운전사의 수신호 확인도 그렇지만, 세상에는 직업상의 의식으로서 확인 동작이라는 것이 많이 있다. 이것도 강박형 꼬리에 꼬리를 무는 고민을 방지하기 위한 하나의 전략인 것이다.

고다 씨는 이런 방법을 통해 부인에게 확인을 강요하는 일이 거의 없어졌다. 이렇게 해서 고다 씨의 강박 장애는 서서히 차도를 보이기 시작했다. 나는 그 뒤에도 다양한 장면에 있어서 폭로반응방해법을 적용시키며 확인 행동을 취하지 말고 그때 생기는 감정을 맛보라고 조언했다. 물론 '어쩌지? 어쩌지' 하는 불안한 상황은 많았지만, 약 1년 뒤에는 택시 운전 할 때 알게 된 인맥으로 운송회사의 배차 담당자로 취직을 하게 되었다.

나는 그런 고다 씨의 소식을 듣고서 '혹시 고다 씨 실수로 배차에 문제가 생겨서 사고가 일어나면 어쩌지? 그런 걱정에 또 빠지면 어떡하나?' 하며 걱정했지만, 그것은 나의 기우에 불과했다. 오히려 운전사로써의 경험을 살려 사고 대책에도 세심한 주의를 기울이고, 일도 잘한다고 회사에서 소문이 날 정도였다고 한다.

▶ 폭로반응방해법의 원리

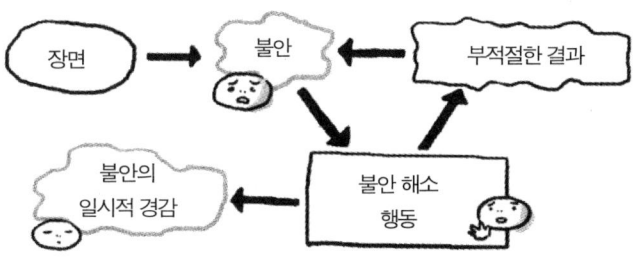

〈강박형 꼬리에 꼬리를 무는 고민의 성립 구조〉

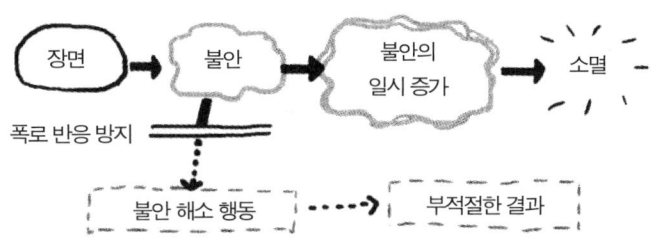

〈폭로 반응의 방지〉

중독증에서의 탈출

강박 장애의 치료는 앞에서 서술한 바와 같이 눈부신 발전을 거듭하고 있다. 물론 완벽한 치료는 아직 갈 길이 멀지만 거의 치료다운 치료가 없었던 예전과 비교해 보면 정말 희망의 빛이 보이고 있다고 말할 수 있다. 그렇다면 이런 강박 장애 치료법이 중독증 치료에 도움이 될까?

강박 장애의 성립 구조를 생각하면 중독증의 경우, 금단 현상으로 불안해지고, 그것을 견디지 못해 다시 같은 행위를 반복한다는 패턴이 있다. 즉 일단 '끊는다'는 결심을 하고 그 결심 뒤에 찾아오는 고통의 시간이 견디기 어려워서 그렇지, 그 고비만 넘기면 끊을 확률은 높아지게 된다. 따라서 폭로반응방해법의 원리를 응용해 시간이 지나면서 불안이 줄어들기를 기다리는 것이 중요하다.

그것이 제대로 기능을 다하지 않는 데에는 몇 가지 복합 요인이 있다. 가령 담배의 경우, 니코틴 금단 현상이 시간과 함께 심해지고, 그에 따라 불안감이 더해져, 결국에는 끊을 수 없는 물리적인 이유가 된다. 알코올 중독도 마찬가지이다. 이와 관련해서는 약물 등의 의학적인 방법이 필요할 것이다.

또 한 가지 요인은 앞에서 서술한 꼬리표 붙이기와 관련이 있다. 중독증 환자는 '난 의지가 약해'라는 꼬리표를 붙여서 처음부터 포기해 버리는 면이 강하다. '그래 난 안 돼! 그럼 그렇지. 내가 뭐랬어 의지가 약하다고 그랬잖아!' 하며 더 비참한 기분에 사로잡히며 꼬리표를 더 강화시키는 구조가 있다. 여기에서도 다른 꼬리표를 살짝 덧붙임으로써 꼬리에 꼬리를 무는 고민에서 벗어날 필요가 있다.

한편 이런 경우, 실패했을 때 느끼는 비참한 기분을 훌훌 털어 내는 것도 중요하다. 중독증 환자는 패잔병이 된 자신의 비참한 모습을 시각적으로 항상 상상하고 있다. 이런 상상은 처음부터 진 게임이나 마찬가지이다. 그보다 끊을 건 끊고, 버릴 건 버리고, 당당하게 살아가는 자신의 모습을 구체적으로 떠올리며 그 생각에 집중해야만 한다.

강박 장애, 그리고 중독증 모두 충분히 증상을 완화시킬 수 있다. 그리고 지옥 같았던 고통의 경험은 살다보면 그것이 희망의 빛이 될 때가 있다. 이는 다른 질병도 마찬가지겠지만, 일을 하면서 그런 희망의 빛을 눈으로 직접 확인할 때, 나는 의사로서 가장 큰 기쁨을 맛보게 된다.

■ 저자 후기

고리에서 탈출하면 되잖아

 '아휴, 안타까워 죽겠네. 왜 그렇게 뱅글뱅글 도는 거지. 그렇게 제자리에서 돌고 도니까 괴롭겠지. 근데 왜 모르지? 그렇게 제자리에서 돌고 있다는 걸……. 알면 고칠 수 있을 텐데. 고리에서 탈출하면 되잖아, 벗어나면 되잖아!'
 물론 이건 꼬리에 꼬리를 무는 고민에 빠진 당사자가 아닌 제삼자의 볼멘 소리다. 반면에 꼬리에 꼬리를 무는 고민에 빠진 당사자는 말 그대로 죽을 맛이다. 가벼운 꼬리에 꼬리를 무는 고민은 일상 생활 어디서나 마주친다. 어쩌면 인간이라는 존재는 뱅글뱅글 돌면서 조금씩 앞으로 나아가는 지도 모른다. 그렇지만 사태가 '죽을 맛'으로 전락해 버리면, 병적인 징후와 아울러 사회적인 기능도 그 역할을 다할 수 없게 된다. 심하면 자살과도 이어질 수 있다.

내 진찰실을 찾는 환자들을 보면 같은 꼬리에 꼬리를 무는 고민에 빠져 괴로워하는 사람들이 너무너무 많다. 그런 환자들을 보며 '조금이라도 도움이 되어야겠구나' 하는 마음에서 이 책을 쓰게 되었다.

공부할 때, 잘 이해가 가지 않는 부분은 빨간색 형광펜으로 선을 그어보면 '아, 그런 것이었구나' 하며 이해가 될 때가 있다. 꼬리에 꼬리를 무는 고민이라는 사고방식은 바로 그 빨간색 보조선이다. 참신한 이론은 아니지만, 여기저기서 주워 모은 심리적·정신의학적 이론을 '꼬리에 꼬리를 무는 고민'이라는 단어로 정리해 보았다. 어떤 의미에서는 새로운 관점에서의 신경증 이론이라고도 말할 수 있을 것이다.

본문에 등장하는 환자들을 치료함에 있어서 '인지 요법'의 영향이 짙게 묻어나 있음을 아는 분들은 다 아시리라. 인지 요법은 내가 임상 현장에서 펼치고 있는 치료법 가운데 하나이기도 하다. 본문에서는 인지 요법이라는 단어를 직설적으로 사용하지는 않았지만, 2장과 3장의 사례에서는 인지 요법에서 그 힌트를 얻었고, 일부는 인지 요법의 용어를 사용하기도 했다. 인지 요법이란 미국의 정신과 의사인 아놀드 벡크가 창시한 정신 요법이다. 확실한 연구로 그 유효성이 과학적으로 증명되고 있는 정신 요법으로 세계적으로 성행하고 있으며, 일본에서도 2001년에는 인지 요법을 연구하는 학회가 생겨났다.

다만 치료로 이용한 것은 인지 요법만이 아니다. 제5장에서는 대인관계 요법의 사고방식을 도입했으며, 제6장에서는 행동 요법을 사용

했다. 또 제4장에서는 약물 요법의 중요함도 강조했다.

아무쪼록 이 책이 꼬리에 꼬리를 무는 고민에 빠져 괴로워하는 사람들에게 고리를 끊을 수 있는 가위가 되었으면 좋겠고, 바로 그 점이 이 책이 지향하는 바이다.

노무라 소이치로

■ 역자 후기

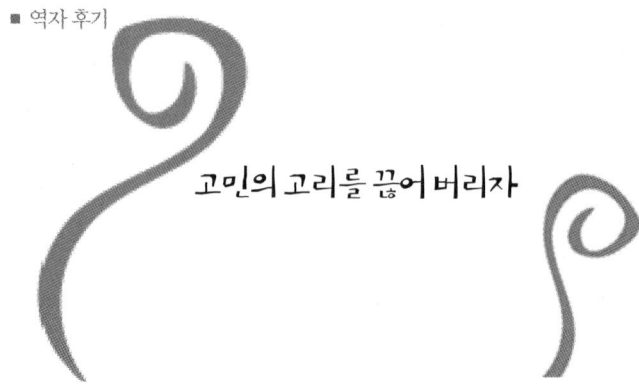
고민의 고리를 끊어 버리자

'분노의 억압에서 기인하는 한국인에게만 나타나는 특이한 현상'이 뭔지 혹시 아세요? 이는 화병을 나타내며, 이 화병에 대해 미국 정신과 협회에서 위와 같이 정의를 내렸다고 하네요. 이 글을 옮기면서 알 듯 모를 듯 가슴이 답답하고 속이 더부룩한 적이 많았습니다. 마치 화병에 걸린 사람처럼……. 심할 때는 '번역을 끝내기 전에 내가 먼저 돌겠는 걸' 하며 머리를 쥐어뜯은 적도 있었답니다.

이 책을 옮기면서 가장 염려되었던 점은 '꼬리에 꼬리를 무는 고민으로 괴로워하는 사람들을 향한, 환자들을 향한, 저자의 사랑을 제대로 전달할 수 있을까?' 라는 부분이었습니다.

보기 드물게 독자들을 배려하고 사랑하는 저자의 마음 씀씀이가 돋보였기 때문이지요.

그리고 또 한 가지, '꼬리에 꼬리를 무는 고민에 빠져 지금 이 시각에도 우울해 하는 분들에게 조금이라도 위로가 되지 못하면 어떻게 하나?' 아마도 그런 저런 생각에 가슴이 답답하고 속이 더부룩했나 봅니다.

하지만 책장을 넘기면서 저자의 이야기에 귀를 기울이는 동안 저는 차츰차츰 역자로서가 아닌, 저자의 진찰실을 찾은 한 명의 환자로 저자의 처방전에 빠져들었습니다.

제 무의식 속에 뿌리내렸던 생각의 왜곡들—사실과 기분을 혼동했으며, 부정적인 사고와 꽁무니를 지겹게 따라다니는 꼬리표들—을 하나하나 들춰내며 곱씹어 생각해 보았습니다. 그러면서 정신과 의사인 저자의 정성스런 진료에 매료되었다고 할까요?

물론 정확하고 적확한 처방전에 놀란 것은 두말 할 필요도 없고요. 본문에 등장하는 환자들은 머리를 풀어헤치고 눈동자의 초점을 잃은 영화 속에 등장하는 정신 질환자가 아닙니다. 바로 우리네 보통 사람들의 모습입니다. 스트레스와 함께 살아야 하는 현대인의 자화상이지요. 그렇게 평범한 사람들의 고민거리를 듣고 있노라면, 절로 공감이 되고 한편으로는 '와, 진짜 별 것도 아닌 걸로 고민하는 사람이 정말 많구나. 그래, 고민 없는 사람이 어디 있겠어'라며 위로를 받게 될지도 모르겠습니다.

공감이든 위로든 어떤 형태로나마 이 글을 읽는 순간만이라도 마음의 평화를 얻고서 희망의 빛을 발견한다면, '일을 하면서 그런 희망의 빛을 눈으로 직접 확인할 때, 나는 의사로서 가장 큰 기쁨을 맛보게 된다'고 고백하는 저자와 마찬가지로, 저 역시 번역자로서 가장 큰 기쁨을 맛볼 수 있답니다.

  아무쪼록 저자의 처방전이 고민의 꼬리를 끊을 수 있는 가위가 될 수 있기를, 이 세상 가장 소중한 당신을 위해 그 가위를 과감하게 사용할 수 있기를 간절히 바랍니다.

황소연

꼬리에 꼬리를 무는 고민이여, 안녕

초판 1쇄 인쇄 | 2004년 10월 1일
초판 1쇄 발행 | 2004년 10월 5일

지은이 | 노무라 소이치로
옮긴이 | 황소연

펴낸이 | 한익수
펴낸곳 | 도서출판 큰나무

등록 | 1993년 11월 30일(제5-396호)
주소 | 120-837 서울시 서대문구 충정로 3가 3-95 2층
전화 | (02) 365-1845~6
팩스 | (02) 365-1847

이메일 | btreepub@chol.com
홈페이지 | www.bigtreepub.co.kr

값 8,500원
ISBN 89-7891-194-3 03830